9

AMAZÔNIA de Euclides

VIAGEM DE VOLTA A UM PARAÍSO PERDIDO

DANIEL PIZA

Fotos de Tiago Queiroz

Com textos de Euclides da Cunha,
Milton Hatoum
e Arquilau de Castro Melo

LeYa

“A AMAZÔNIA SELVAGEM SEMPRE TEVE O DOM DE IMPRESSIONAR A CIVILIZAÇÃO DISTANTE.”

Euclides da Cunha, À *margem da história*

Para meu irmão e compadre Paulo

Amazonas
Acre
Santa Cruz
Manoel Urbano
Paissandu
Triunfo
São Brás
Sena Madureira
Seringal Sobral
Área
Indígena Alto do Purus
Santa Rosa do Purus
Puerto Esperanza (Peru)
Rio Curanja (Peru)
Rio Branco
PERU

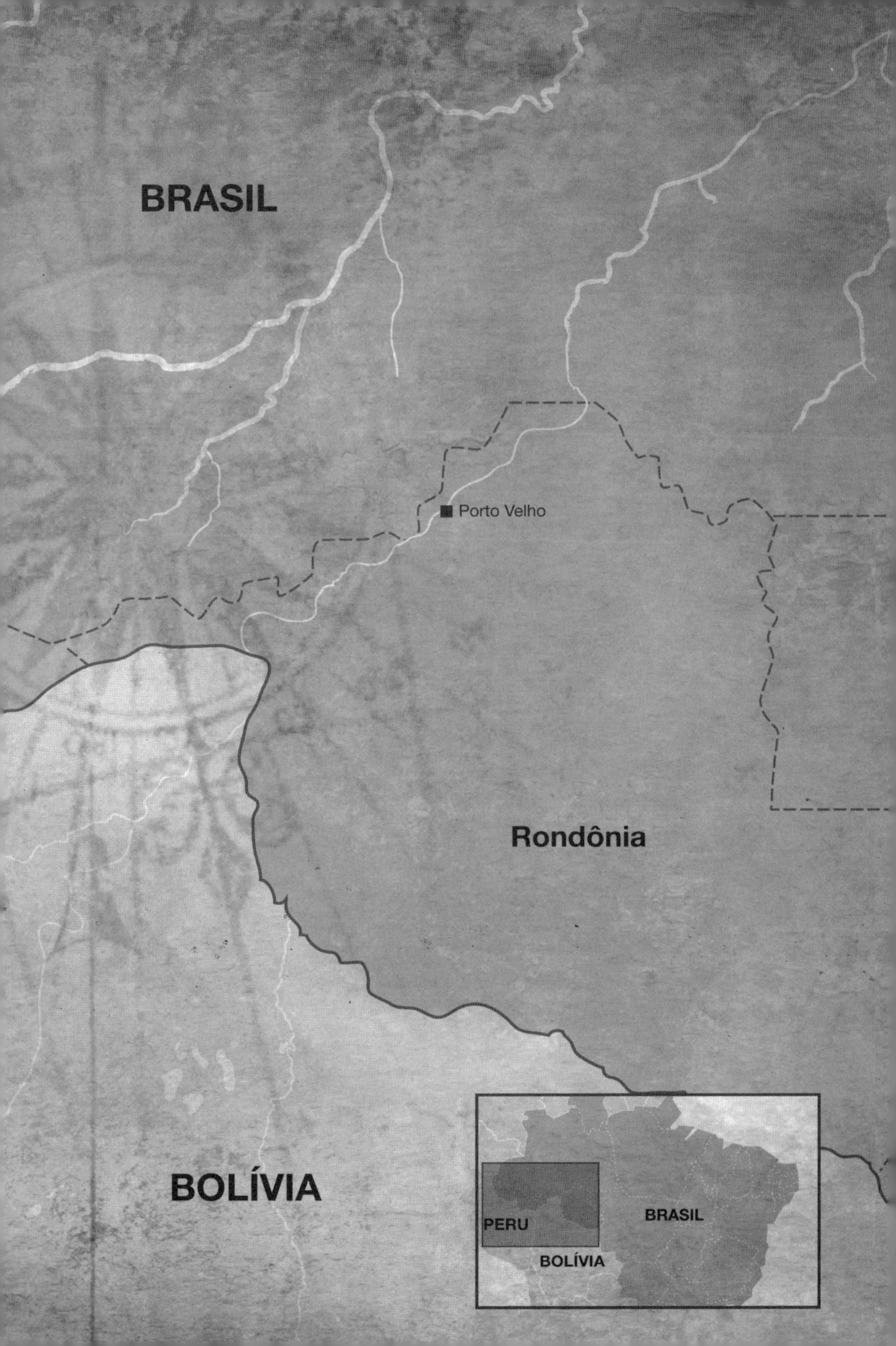
BRASIL
Porto Velho
Rondônia
BOLÍVIA
PERU
BRASIL
BOLÍVIA

VIAGEM A UM BRASIL DESCONHECIDO
MILTON HATOUM

Em 1905 a Amazônia entrou na vida de Euclides da Cunha (1866-1909). Foi o ano em que ele chefiou a Comissão Mista Brasileiro-Peruana de Reconhecimento do Alto Purus e navegou por esse grande afluente que ele desejava conhecer. O objetivo dessa árdua missão oficial era resolver questões de fronteiras com o Peru e assim evitar um contencioso com o país vizinho. A missão foi bem-sucedida, mas a subida do rio, realizada na época da vazante, foi cheia de atropelos e dificuldades. Além de cumprir os objetivos técnicos da missão – mapeamento da área de fronteiras e estudo da morfologia do rio Purus –, Euclides fez uma análise histórica, social e geográfica do extremo oeste da Amazônia, de que resultaram dois livros injustamente esquecidos: *Contrastes e confrontos* (1907) e *À margem da história* (1909).

Mais de um século depois, o jornalista e crítico Daniel Piza e o fotógrafo Tiago Queiroz, de *O Estado de S. Paulo*, refizeram o trecho final do itinerário euclidiano. Dessa viagem recente resultou uma série de imagens e observações que dão um retrato vivo e significativo de um território isolado, como se pertencesse a um "desvão obscurecido da história", para usar as palavras do próprio Euclides da Cunha.

O relato de Daniel assinala diferenças e semelhanças importantes na paisagem física, social e econômica entre 1905 e 2009. A primeira grande diferença é a atual estagnação econômica. Euclides viajou pela Amazônia no auge da economia extrativista da borracha. Ao navegar por toda a extensão do Purus, ele encontrou dezenas de seringais brasileiros opulentos e produtivos, em que registrou com acuidade o regime de trabalho semiescravo dos seringueiros. No Alto Purus, Euclides conheceu caucheiros peruanos, cuja brutalidade no trato com índios e cholos também foi narrada pelo escritor no artigo "Os caucheiros" (*À margem da história*).

Daniel ressalta que "o sonho euclidiano de ver o látex brasileiro esticar o progresso até o Acre, com outro regime de trabalho e outra mentalidade de produção, não se realizou". Mas assinala que outros projetos vislumbrados por Euclides, como a rodovia Transacreana (BR-364), tornaram-se realidade. Quase todos os ex-seringueiros entrevistados pelo jornalista disseram não sentir falta do trabalho árduo nos seringais. Alguns preferem trabalhar na agricultura, mas o que prevalece é a falta de perspectiva de emprego. A agricultura de subsistência é apenas isso: uma possibilidade para sobreviver. Ainda assim, muitos ribeirinhos dependem de uma ajuda do governo federal, como o programa Bolsa Família.

No Purus, como em outros rios da Amazônia, reina a vida estreita, vegetativa. Os povoados e as habitações não têm infraestrutura, o atendimento médico é precário, e o mesmo se pode dizer sobre a qualidade do ensino. Por isso, muitos jovens migram para Rio Branco, em busca de melhores condições de vida.

Outros dois fatos relevantes foram assinalados por Daniel Piza: o advento da religião evangélica e a volta dos índios kaxinawá e kulina, que, na época de Euclides, tinham se embrenhado na floresta para fugir dos caucheiros e dos donos de seringais.

No relato dessa viagem há breves depoimentos de índios, ex-seringueiros, agricultores, religiosos, pesquisadores e professores. Esses depoimentos nos dizem muito sobre a cultura de uma região ainda desconhecida pela imensa maioria dos brasileiros. É bem verdade – como notou o jornalista – que o sonho de Euclides não se realizou. Mas as pistas para um futuro melhor foram dadas por pesquisadores da Universidade Federal do Acre. O professor Evandro Ferreira, ao afirmar que o Acre é um grande laboratório de pesquisa, ressalta a importância da biodiversidade da área do Purus. A mesma coisa pode-se dizer com respeito a outras regiões da Amazônia.

Euclides da Cunha, perplexo diante da imensidão e complexidade da natureza, anotou em *Inferno verde*: "A Amazônia é um infinito que se dosa, a pouco e pouco, lento e lento, indefinidamente...".1 Nesse mesmo texto, ele mencionou que "a guerra de mil anos contra o desconhecido" só seria vencida "ao fim de trabalhos incalculáveis".

O autor de *À margem da história* lançou esse desafio há um século. Infelizmente, a visão mais comum que se tem da Amazônia é, ainda hoje, construída por um inventário de clichês, de mitos positivos ou negativos, de discursos exaltados ou preconceituosos. Lamentavelmente, a população e também os cientistas e pesquisadores da Amazônia não são consultados quando se discute um projeto para essa região.

O relato e as imagens da viagem dos dois jornalistas ao Purus, em contraponto à de Euclides, deixam de lado esses estereótipos e oferecem ao leitor uma visão mais realista e nada idealizada de um Brasil tão distante. Viagem que é também uma forma de conhecimento, certamente um dos objetivos alcançados por este livro.

---

1 Prefácio do livro *Inferno verde* (1907), de Alberto Rangel.

APRESENTAÇÃO

DANIEL PIZA

Desde 2002, quando lia e escrevia material para o centenário de *Os sertões*, imaginei refazer a expedição de Euclides da Cunha pelo Alto Purus. O hábito a cada efeméride era ir a Canudos. Nos cem anos da viagem amazônica, em 2005, não consegui os contatos necessários para dispor de barcos que pudessem identificar cada localidade. Em 2006, fiz o roteiro de viagem de outro escritor, Guimarães Rosa, pelo sertão mineiro, o que só me animou a retomar o projeto euclidiano. Graças ao escritor Milton Hatoum, cheguei em 2008 à pessoa certa: o desembargador Arquilau de Castro Melo, que tinha a intenção de montar o Projeto Cidadão pela primeira vez no Purus. O projeto é uma espécie de mutirão oficial para documentação de ribeirinhos do Acre, sob comando do Tribunal da Justiça. O concurso de propósitos tornou viável o que parecia tão difícil. De quebra, nos daria a vantagem de um contato muito amplo com a população local, tal como Euclides fez principalmente nos seringais então existentes.

Para planejar nossa viagem, muitos meses de antecedência foram necessários. Como ninguém havia feito a mesma extensão de trajeto desde a expedição de Euclides, era preciso encontrar barqueiros que conhecessem a região e pudessem prever um cronograma para organizar as paradas. O roteiro tinha de contemplar os pontos mencionados pelo "diário de marcha" e, dentre eles, eleger os que tiveram relevância para a viagem de 1905. E, claro, ela teria de ser realizada antes de abril, quando normalmente o nível do rio baixa vários metros e em alguns trechos impede o uso de embarcações maiores. (Curiosamente, o período das vazantes teve em 2009 um comportamento atípico. As chuvas continuaram por muito mais semanas do que o normal, causando enchentes e seus muitos problemas.) Felizmente, de 4 a 15 de março de 2009, a viagem se realizou.

A ideia era recuperar uma face importante do trabalho de Euclides e fazer uma leitura comparativa com a realidade atual, seguindo o exemplo dele como um dos primeiros intelectuais a deixar o gabinete – ou a "patuscada" da rua do Ouvidor – e ir observar *in loco* a vida brasileira longe dos grandes centros. Ao contrário do que ainda se diz largamente, nada disso quer dizer que um autor restrito aos quarteirões da sociedade mais urbanizada não possa ver as profundezas da questão brasileira; Machado de Assis permanece o maior e mais contundente exemplo contrário. Mas só a má vontade pode desprezar o fato de que movimentos como esse fazem muito bem a qualquer país e literatura.

Na Amazônia, acima de tudo, Euclides quis mais uma vez interpretar o Brasil, entender sua complexidade e traçar seu futuro. Para tentar mostrar essa empreitada, este livro amplia e adensa a reportagem especial publicada em 5 de abril de 2009, em *O Estado de S. Paulo*, como parte do projeto multimídia que incluiu também textos e fotos enviados para jornal e *blog* durante a viagem, boletins e programas de rádio e um documentário, *Um paraíso perdido*,[1] exibido pela TV Cultura em 13 de agosto.

Meus agradecimentos não poderiam começar senão com Milton e Arquilau, que gentilmente colaboraram também com este livro. À equipe das duas baleeiras do Projeto Cidadão, minha gratidão geral vai personificada em Clodomiro Neves do Nascimento, José Nilton Carvalho e Egnaldo Ferreira de Araújo, que tanto nos ajudaram no dia a dia do barco, inclusive "salvando" a filmadora que estava em minha mão quando escorreguei e me apoiei na lama das margens do Purus. Sem o conhecimento dos professores Evandro Ferreira, Moisés Barbosa de Souza e Alceu Ranzi, minha ignorância sobre a flora, a fauna e a geologia da região seria ainda maior. Na TV Estadão, Felipe Machado e Alexandre

1 http://www.estadao.com.br/pages/especiais/euclides

Mesquita transformaram em documentário as cinco horas de filmagem mambembe que fiz nos oito dias de rio. Agradeço também a Ricardo Gandour e Roberto Gazzi, meus chefes no jornal, que de primeira toparam meu projeto. Ao historiador Marco Antonio Villa, a leitura criteriosa; a Rodrigo Villela, a colaboração no projeto de edição. E à minha mulher, Renata, o apoio, paciência e parceria naquela que tem sido a melhor das minhas aventuras.

Capítulo 1

Terra sem história

havaianas
37/38

> "Tenho a crença largamente metafísica de que a nossa vida é sempre garantida por um ideal, uma aspiração superior a realizar-se. E eu tenho tanto que escrever ainda..."
>
> Carta de Euclides a Alberto Rangel, 20/3/1905

Euclides da Cunha ansiava pela Amazônia e, mais especificamente, pelo Acre. Leitor apaixonado de naturalistas e viajantes como Alexander Von Humboldt, William Bates, Alexandre Rodrigues Ferreira e Tavares Bastos, ele escreveu em 24 de junho de 1904 ao amigo amazonense José Verissimo (1857-1916), grande crítico literário da época, que uma viagem para a região seria "um meio de ampliar a vida, o de torná-la útil e talvez brilhantíssima"; e declarou seu "anelo de revelar os prodígios da nossa terra". Saber que o barão do Rio Branco (1845-1912), ministro das Relações Exteriores, organizava novas comissões demarcadoras dos limites brasileiros animara o autor de *Os sertões* (1902), que trabalhava então como engenheiro em obras de saneamento no litoral de São Paulo, infeliz com a rotina, a hemoptise e os conflitos familiares. Em outra carta a Verissimo, duas semanas mais tarde, escreveu que a perspectiva da comissão fortalecia seu "ideal de bandeirante". E acrescentou: "Que melhor serviço poderei prestar à nossa terra? Além disto, não desejo Europa, o bulevar, os brilhos de uma posição, desejo o sertão, a picada malgradada, e a vida afanosa e triste de pioneiro".

Esse desejo pelo sertão combinava, assim, uma vontade de fuga e uma vocação de desbravamento. E remetia diretamente à experiência vivida em

Canudos, no sertão baiano, em 1897, quando viu o "inferno" de uma guerra em que seus antigos companheiros do Exército, republicanos e positivistas como ele, foram de uma crueldade estúpida diante da ameaça dos jagunços reunidos por Antonio Conselheiro (1830-1897). Para Euclides, a Amazônia sugeria a mesma imersão no desconhecido, com todos os sofrimentos implícitos e, de novo, desejados. Quando soube, quase quatro meses depois (22/10), que sua viagem estava marcada, comemorou em carta ao jornalista de *O Estado de S. Paulo* Plínio Barreto: "Graças aos deuses!" – sendo coerente aqui com seu alegado panteísmo, ele que nunca foi ateu. "Enfim – creio que faltam bem poucos dias para que se torne efetiva essa minha trágica candidatura ao impaludismo [malária], ao beribéri, à filária [elefantíase] e, talvez, à morte. E dizem que não há mais sonhadores!".

O sonho do Acre, na verdade, já aparecera antes na vida de Euclides, como no *P.S.* de uma carta ao astrônomo e expedicionário Luís Cruls em 1903, ano da incorporação do território ao Brasil:

> *Alimento há dias o sonho de um passeio ao Acre. Mas não vejo como realizá-lo. Nesta terra, para tudo faz-se mister o pedido e o empenho, duas coisas que me repugnam. Elimino por isto a aspiração – é que talvez pudesse prestar alguns serviços.*

No ano seguinte, Euclides pediu e se empenhou junto de Verissimo e do historiador e diplomata Oliveira Lima para que fosse recomendado ao barão do Rio Branco para a missão. O barão era colega dos três na Academia Brasileira de Letras e foi um dos que votaram no autor de *Os sertões* como membro naquele mesmo 1903. (O voto do barão e o do mestre Machado de Assis foram os que mais deram orgulho a Euclides, como destacou em carta ao pai.) Ainda assim, achou por bem se oferecer por meio dos amigos comuns.

Antes de fazer o pedido, porém, Euclides tratou de escrever três artigos em *O Estado de S. Paulo* – incluídos neste livro – sobre o tema antes raro em sua produção. Em 14 de maio de 1904 , assinou "Conflito inevitável", em que, baseado nas descrições de Humboldt, descreveu as dificuldades da cordilheira dos Andes, mas alertou para o objetivo peruano de transpô-la em direção à Amazônia. Em 22 de maio, em "Contra os caucheiros", contou as desavenças dos brasileiros com os produtores peruanos de borracha (extraída do "caucho", planta mais baixa e menos rentável que a seringueira), apostando na força dos jagunços nordestinos que lá estavam se espalhando. E uma semana depois, em "Entre o Madeira e o Javari", elogiou o livro de Tavares Bastos, *O vale do Amazonas*, como um programa de desenvolvimento para o Brasil; e lembrou mais uma vez Humboldt, que teria antevisto ali "o deslumbrante palco onde mais cedo ou mais tarde se há de concentrar a civilização do globo". Com tais artigos, Euclides certamente tentava fundamentar a urgência e a importância da expedição à fronteira com o Peru. (Em 1907, por iniciativa de seu amigo Coelho Neto e da editora portuguesa Lello, eles saíram na coletânea *Contrastes e confrontos*.)

Os governos brasileiro e peruano assinaram em 12 de julho o acordo para a demarcação do Alto Purus. A partir dali, os meses de espera foram angustiantes para Euclides, que se dizia "frágil". Em 8 de agosto, contou ao pai que recebera um telegrama de Oliveira Lima noticiando que a nomeação estava próxima: "Não sei ainda em que cargo. De qualquer modo, devo aceitar. Só terei a lucrar – como brasileiro que vai prestar um serviço à sua terra, como engenheiro que não pode ter um trabalho mais digno, e como escritor que não poderá ter melhor assunto". Entre os "lucros" estava também o de afastar-se da família, que ficaria na casa da sogra no Rio de Janeiro. No dia seguinte, foi enfim nomeado.

Em 10 de outubro, ainda sem data para a partida, escreveu de novo ao pai para dizer que, como sua mulher, Ana, a "Saninha", não se entendia com os irmãos, decidiu alugar uma casa só para ela e os três filhos. Apelou ao pai: "Peço-lhe que agasalhe a minha família – e que me salve de uma situação bem infeliz para a qual não contribuí senão em virtude da minha boa-fé e da minha crença no coração humano". E foi mais longe:

> *Creia, meu pai, que não tenho outra saída. Peço o seu auxílio. A Saninha está mudada; tem sofrido muito; acaba de passar por amargos desapontamentos; tem pelo senhor verdadeira estima; pode ser quase uma filha e afinal, à parte defeitos de caráter que já estão diminuídos, é digna da estima pela sua honestidade e pelo coração.*

Euclides se disse ainda "em transe", desamparado, merecendo "ser muito mais feliz". Numa carta anterior (25/8), concordara com o pai que vinha sendo "idealista demais", prometendo ser mais prático, "sem contudo perder a minha velha linha reta à qual já estou habituado". Em seus planos, a comissão ao Purus iria prepará-lo para outras. Como disse em nova carta a Verissimo, em 6 de setembro, "o melhor serviço a prestar-se nesta terra, no atual momento, consiste sobretudo na seriedade, que é uma forma superior do heroísmo no meio deste enorme desabamento". Em seguida, comentou notícia publicada no *Jornal do Brasil* de que teria desistido da expedição ao Acre, notícia que classifica de falsíssima:

> *A partida para o Alto Purus é ainda o meu maior, o meu mais belo e arrojado ideal. Estou pronto à primeira voz. Partirei sem temores; e nada absolutamente (a não ser um desastre de ordem física, que me invalide), nada absolutamente me demoverá de um tal propósito.*

Alguns dias depois, Euclides já apontava quem faria parte de sua equipe. A nomeação como chefe da Comissão Mista Brasileiro-Peruana de Reconhecimento do Alto Purus o deixara exultante. Voltando ao tema da carta de 7 de julho a Verissimo, escreveu a Plínio Barreto que seu preparo para a "romaria de 1 500 léguas ao Purus", para o "avançar no deserto", lhe dava entusiasmo maior que o da "patuscada" que arruma as valises para Paris. O embarque demorou, mas ocorreu. Era 13 de dezembro. Euclides adiou a posse na ABL para quando voltasse; enviou cartas e telegramas se despedindo dos amigos, dizendo-se disposto aos "máximos sacrifícios". E saiu para uma aventura – "dessas em que a gente leva carta de prego para o Desconhecido" – que contava tomar dez meses ao todo. Tomaria treze.

Com sua característica mistura de idealismo e tristeza, Euclides esperava concretizar no deserto pluvial da Amazônia seu sonho bandeirante de heroísmo trágico, de expansão brilhante da vida e devoção sacrificial à causa. Assim como quando foi para Canudos, como correspondente de *O Estado de S. Paulo*, partiu para o Acre, como servidor do governo federal, já decidido a escrever um livro. E ainda em Manaus, no início de março de 1905, à espera também angustiante das embarcações, ele já definiu qual seria: *Um paraíso perdido*. Em carta no dia 10 para o mesmo Verissimo, perguntou se o título era bom e emendou que "reflete bem o meu incurável pessimismo". O título vinha do longo poema *Paradise lost* (1667), do escritor inglês protestante John Milton (1608-1674); mas acrescido do artigo "um", como se Euclides quisesse materializá-lo, especificá-lo, de acordo com sua antiga busca de um "consórcio entre ciência e arte". Quanto ao pessimismo, parecia ser agravado por aqueles primeiros meses em Manaus, sob calor forte ("canícula"), e pela irritação que lhe causava o atraso dos trabalhos por causa da lentidão dos peruanos.

Ele tinha chegado a Manaus em 30 de dezembro do ano anterior, depois de viajar em navio por todo o litoral brasileiro e entrar por Belém, cidade cujas largas avenidas e gente "de hábitos europeus" julgou inesquecíveis. Depois de passar duas semanas na capital amazonense, seu humor já era outro. Ironizou o clima como "banho de vapor", insuportável, febril, e se disse ansioso por partir para o "duelo com o deserto na majestosa arena de 500 léguas que nos dá o Purus", apesar dos elogios ao bom coração dos manauaras. No entanto, graças à leitura de livros como *The naturalist on the river Amazon* (1863), de Walter Bates, e *The Amazon and the coast* (1880), de Herbert Smith, Euclides já definia mais um pouco o que descreveria e defenderia em seu próprio livro, como diz em carta a Verissimo de 13 de janeiro de 1905:

> *Sem o querer, achei o traço essencial deste portentoso habitat. É uma terra que ainda se está preparando para o homem – para o homem que a invadiu fora de tempo, impertinentemente, em plena arrumação de um cenário maravilhoso. Hei de tentar demonstrar isso.*

Antes mesmo de navegar o Purus, Euclides já esboçava a visão de uma natureza "adversária do homem", que lhe impõe um "regime animal", esforços que são inimigos da delicadeza e da vontade. Descreveu sua estada na cidade "comercial e insuportável" como "perturbada e fatigante". Isso, porém, não o impediu de continuar estudando. Analisou a monografia de William Chandless sobre os rios que percorreria. Colheu informações sobre o solo, as rochas, os vales. Conseguiu mapas, atento à presença de varadouros, os canais por terra entre os rios. E aos poucos, com o termômetro abaixo de 28°C, se reconciliou com a "atmosfera úmida e quente" de Manaus, principalmente nas manhãs. Ainda sobrou tempo para enviar a Machado de Assis (supostamente), em 5 de fevereiro, um poema, como os textos românticos dos tempos de colégio, no verso de um cartão-postal com a foto de um casebre com coqueiros:

“A PARTIDA PARA O ALTO PURUS É AINDA O MEU MAIOR, O MEU MAIS BELO E ARROJADO IDEAL.”

Euclides da Cunha

Casa de ribeirinhos em vilarejo na zona rural de Sena Madureira

Nesta choupana de roça,
De aparência tão tristonha,
Mora, às vezes, uma moça,
Gentilíssima e risonha.
E o incauto viajante
Quase sempre não descobre
A moradora galante
De uma choupana tão pobre
E passa na sua lida,
Para a remota cidade,
Deixando, às vezes, perdida
Num ermo, a Felicidade...

Mas as preocupações da lida dominavam, de fato, o espírito de Euclides. O planejamento era sair em janeiro ou no máximo fevereiro, ainda com o rio cheio, para facilitar a subida. Nas cartas de março, Euclides se queixou também da ausência de notícias de casa havia dois meses. Falou em "tédio", "melancolia", "tristeza", "estonteamento", "impaciência", "tortura", ao aguardo do "deserto bravio e salvador". Exclamou para Verissimo: "Como é difícil ter boa vontade e disposição para servir a este país!". Seja como for, ele as encontraria. Enviou a alguns amigos, no dia 19, uma foto dos principais membros da expedição em que está ao meio, sentado, de pernas cruzadas e chapéu à mão, pensativo, talvez imaginando o que diria em versos no cartão:

Se acaso uma alma se fotografasse,
De sorte que, nos mesmos negativos,
A mesma luz pusesse em traços vivos
O nosso coração e a nossa face,

E os nossos ideais, e os mais cativos
De nossos sonhos... Se a emoção que nasce
Em nós, também na chapa se gravasse
Mesmo em ligeiros traços fugitivos;

Amigo! Tu terias com certeza
A mais completa e insólita surpresa
Notando – deste grupo bem no meio –

Que o mais belo, o mais forte, o mais ardente
Destes sujeitos é precisamente
O mais triste, o mais pálido, o mais feio.

O soneto tem sido citado como exemplo da autoimagem crítica de Euclides, mas sem dúvida o que ele disse é que sua aparência desanimada esconde a beleza e a força de um ideal emocionante, de um lançar-se ao mar para grandes feitos. Tanto é que, um dia depois, escreveu ao amigo e discípulo Alberto Rangel para contar que sua frota, estacionada num igarapé de Manaus, tinha tido "o batismo de uma tempestade", e acrescentou, novamente como se fizesse versos à maneira de Castro Alves: "Nunca imaginei que este rio morto escondesse, traiçoeiramente, ondas tão desabridas. Uma rajada viva de sudoeste imprime-lhe as crispações sofregadas de um mar – e que mar! Um mar entre barrancas em que as vagas desencadeadas se desatam em corredeiras impetuosas de torrentes...". E ainda reafirmou: "Tenho a crença largamente metafísica de que a nossa vida é sempre garantida por um ideal, uma aspiração superior a realizar-se. E eu tenho tanto que escrever ainda...".

A outro amigo escritor, Coelho Neto, anunciou que no livro *Um paraíso perdido* iria "vingar a Hiloe maravilhosa de todas as brutalidades das gentes adoidadas que a maculam desde o século XVIII". Hiloe ou *Hylaea* foi como Humboldt se referiu à Amazônia quando por ela viajou – atravessando Venezuela e Peru cem anos antes de Euclides – e inspirou, entre outros, Charles Darwin com sua prosa naturalista. Mas, a Artur Lemos, Euclides disse que daria a impressão de "um escritor esmagado pelo assunto", pois não teria envergadura para definir uma terra que precisaria de "uma vida inteira" para ser conhecida e só "aparece aos poucos, vagarosamente", como numa vertigem. "É uma grandeza que exige a penetração sutil dos microscópios e a visão apertadinha e breve dos analistas: é um infinito que deve ser dosado."

Entre "grandes esperanças" e "saudades dolorosíssimas", como escreveu a Machado, partiu para cumprir seu "destino de bandeirante" nas "paragens tão majestosamente opulentas" apenas em 5 de abril, às 19 horas.

Os brasileiros da comissão tinham três embarcações movidas a carvão: o batelão *Manoel Urbano*, a lancha *Cunha Gomes* e a lancha nº 4 da Marinha Nacional, além de seis canoas. Era nessa última lancha que Euclides estava, viajando na condição de engenheiro, sem patente militar, e acompanhado do secretário Manoel da Leme, com mais dez tripulantes. No *Manoel Urbano* seguiam mais 26 militares do Exército, como o primeiro-tenente Alexandre Argollo Mendes, seu auxiliar técnico Arnaldo Pimenta da Cunha (primo de Euclides), o renomado médico doutor Thomaz Catunda e o alferes Francisco Lemos e seu subalterno, o também alferes Antônio Carlos Cavalcante de Carvalho. (Foi a este último que se encarregou a escrita do "Diário de marcha", incluído neste livro. Ele o fez até 22 de maio, quando Euclides transmitiu a função para seu primo, Arnaldo, que era também o responsável pelas fotografias ao lado de um profissional peruano.) E na *Cunha Gomes*, que puxava o batelão, iam mais nove tripulantes. Ao todo, portanto, a comissão contava com 45 brasileiros. Os peruanos, comandados pelo capitão de corveta Pedro Buenaño, eram 22 ao todo e tinham apenas uma embarcação, a lancha de guerra *Cahuapanas*. O equipamento da flotilha reunia diversos itens, como sextantes, cronômetros, teodolitos astronômicos (para agrimensura), bússolas e lunetas.

"Partíamos na quadra mais imprópria", escreveria Euclides no relatório final da comissão, por causa da vazante do rio. Mas partiram. No início, foi melhor do que imaginavam: "A subida até a confluência do Acre se faz com a maior regularidade, ainda que excessivamente morosa", escreveu, enquanto percorria o rio Solimões. No dia 9, estavam na foz do Purus, onde brasileiros e peruanos lavraram uma ata e iniciaram as demarcações; decidiram que as ações se concentrariam no Alto Purus, objeto da expedição; e que estas seriam feitas de dia, aproveitando as noites para percorrer os trechos que se mediriam na volta. Mais adiante, viram que viajar à noite trazia sérios riscos por causa da quantidade de troncos e galhos que descem pelo rio. Mesmo assim, a viagem seguiu sem incidentes até que chegou, em 11 de maio, à embocadura do rio Iaco. "A singradura tornou-se irregularíssima, impondo constantes sondagens e paradas", escreveu Euclides; os bancos de argila causaram frequentes encalhes.

O que Euclides veria, especialmente ao iniciar a subida do Alto Purus (hoje situada na cidade batizada de Manoel Urbano, que então não existia), seria parecido com o que lera em autores como Humboldt e Chandless e, ao mesmo tempo, muito diferente. Não por acaso, iniciaria seu texto *Terra sem história*, mais tarde enfeixado como o primeiro do livro póstumo *À margem da história*, falando em "desapontamento". O espanto "quase religioso" dos viajantes do passado não conferia com a realidade. A Amazônia era menos harmoniosa e mais monótona e deixava muito a dever em beleza para outros lugares do Brasil, como o litoral norte fluminense. "É, sem dúvida, o maior quadro da Terra; porém chatamente rebatido num plano horizontal", escreveu, com um estilo mais direto e franco que o dos *Sertões*. Horizontes vazios, rios divagantes, flora monocromática, fauna pequena – o cenário sugeriu a Euclides uma natureza "portentosa, mas incompleta", uma "construção estupenda a que falta toda a decoração interior". Terra mais nova do mundo, nascida da última convulsão dos Andes, ela não completara seu processo evolutivo; era instável, desordenada, desarrumada, sem o "ritmo vigoroso dos grandes encadeamentos geológicos". Ainda não era, portanto, uma *Hylaea* prodigiosa, uma arena monumental.

Esse descompasso entre a visão gloriosa que idealizava e a natureza desconexa que encontrou acompanharia Euclides para sempre. E reforçou ainda mais sua ideia de que "o homem, ali, é ainda um intruso impertinente". Tanto é que a literatura sobre o assunto se dividia em especialidades: a enormidade da Amazônia desfibrava até "os mais robustos espíritos". A ciência, prosaica, não tinha como traduzir, formular aquela grandeza; e esta incitava aos arrebatamentos, à fantasia, à "hipertrofia da imaginação". Especialmente o rio Amazonas, com sua massa d'água, "malgrado a sua monotonia soberana", evoca sempre "o maravilhoso". Mesmo cientistas como Agassiz, Wallace e Humboldt teriam incorrido em hipóteses difíceis de comprovar.

(No entanto, vale lembrar que Euclides não observou que foi ali, estudando as espécies amazônicas, que Wallace desenvolveu uma teoria da seleção natural simultaneamente a Darwin. Agassiz, por sua vez, tentou desbancar ali a tese nascente de que as espécies teriam idades diferentes e, portanto, não teriam surgido por vontade divina. Estudando os peixes locais, Agassiz cometeu seu grande erro científico.)

Euclides não só viu a juventude do processo evolutivo da topografia amazônica mas também um desvio dele, "flagrante", porque nele as águas destroem as terras em vez de se conformarem a elas, o que explica que sejam tão barrentas. "O maior dos rios não tem delta", como têm o Nilo ou

Baleeira Euclides da Cunha navega pelo rio Purus

Canoa chega à aldeia Nova Aliança para indígenas participarem do Projeto Cidadão

o Mississippi. "É um estranho adversário de sua própria terra." Para ele, era como se o rio estivesse "em busca de outras latitudes", afastando-se da pátria em direção ao Hemisfério Norte. Nada nele seria fixo, nem ilhas nem margens, "sempre desordenado, e revolto, e vacilante, destruindo e construindo, reconstruindo e devastando, apagando numa hora o que erigiu em decênios – com a ânsia, com a tortura, com o exaspero de monstruoso artista incontentável a retocar, a refazer e a recomeçar perpetuamente um quadro indefinido". E então Euclides afirma: "A Amazônia selvagem sempre teve o dom de impressionar a civilização distante".

Por ser um mundo onde é "tudo vacilante, efêmero, antinômico, na paragem estranha onde as próprias cidades são errantes, como os homens", por ser aquela uma natureza "soberana e brutal, em pleno expandir das suas energias", ela causaria primeiro uma "superexcitação das funções psíquicas e sensuais" (como ocorreu com Fitzcarral, Aguirre, Percy Fawcett e tantos outros aventureiros), depois "um lento enfraquecer-se de todas as faculdades", como a sensibilidade e o altruísmo. Não era apenas o calor que atraía e amolecia o forasteiro, mas também a topografia instabilíssima, para usar um superlativo ao gosto do engenheiro poeta.

Euclides não estava se excluindo. Embora não usasse a primeira pessoa, descreveu as reações de um "observador errante" como ele mesmo foi, surpreso e assustado com a "volubilidade" da região, ao mesmo tempo atraído por seu convite ao pecado e à inconsciência. Mas o olhar de Euclides, como os de seus heróis Humboldt e Darwin, é antes de mais nada geológico. Tem uma macrovisão, concentrada nas transformações que o relevo sofre numa larga escala de tempo, uma escala dividida em eras, em lentos movimentos subterrâneos. E ele vê, no mesmo vacilo da natureza jovem, o seu potencial futuro, especialmente no Alto Purus. Até o clima ali seria menos assustador do que se dizia; sua letalidade, "consideravelmente reduzida". Para um homem como Euclides, que se dizia cientista e metafísico, que acreditava numa fusão romântica entre razão e idealismo, o desafio de compreender a Amazônia, ainda que fragmentariamente, era a maior das tentações.

* * *

Exatos 104 anos depois que Euclides subiu o Purus, tanto seus momentos de fatalismo – a começar pela intenção de chamar seu livro de

Um paraíso perdido, para indicar como o ser humano estava jogando fora o potencial amazônico – como os de idealismo – o plano de incorporar aquela região ao progresso, conforme traça e calcula em estudos posteriores – podem ser revividos por observadores errantes. O fato é que o cenário natural está muito mais próximo do que ele imaginaria estar, crente como era na ocupação produtiva da região. É um dos trechos mais preservados da Amazônia. A sensação de avançar no desconhecido é muito semelhante.

Nossa partida fluvial, depois de percorrer a rodovia BR-364 desde a capital Rio Branco (em cerca de duas horas), foi em Sena Madureira, cidade à beira do rio Iaco, de cerca de 35 mil habitantes, já uma primeira notável diferença em relação ao que Euclides viu – não havia nada em sua rota que sequer se aproximasse de uma aglomeração urbana. Zarpamos em duas baleeiras, barcos de dois andares, em 6 de março de 2009 . A nossa foi batizada, claro, de *Euclides da Cunha*. Com 19 pés de comprimento, carregava 21 pessoas: o dono, José da Silva Araújo; o desembargador Arquilau de Castro Melo, acompanhado de funcionários dos Correios, de cartórios e de outros serviços públicos; e uma tripulação de três pilotos e três bombeiros. O item mais importante de equipamento eram os *laptops*, computadores com os quais jornalistas e servidores desempenhariam seus trabalhos a bordo da *Euclides da Cunha*, contando com um gerador.

Viajando em velocidade também muito mais apropriada, de 40 nós, ou cerca de 20 quilômetros por hora, bastou apenas uma hora para sair do Iaco e entrar no Purus. E em poucas horas testemunhar aquilo que se havia lido em Euclides.

O impacto sobre as impressões continua forte. A Amazônia não perdeu o poder de surpreender por seu porte, clima e complexidade. Mesmo exposta cotidianamente na mídia audiovisual que Euclides morreu sem conhecer, em 15 de agosto de 1909, não há imagens que a sintetizem; ao contrário, em muitos casos elas acabam distorcendo a noção do que se verá. O ritmo ainda é o mesmo que Euclides descreveu, monótono, plano, dando a ver uma flora e uma fauna que não se destacam especialmente pela variedade ou colorido; há um contraste grande com a média das expectativas, inclusive a respeito da altura da vegetação. O olhar atento, porém, percebe logo que a repetição é enganosa. E que há inúmeros fenômenos acontecendo detrás da aparência uniforme, um mundo ainda ignorado de espécies, relações e transformações naturais.

"Só de répteis calculamos que haja mais de 120 espécies", diz Moisés Barbosa de Souza, ao lado de um fóssil do crânio de um *Purussaurus brasiliensis*, jacaré do período Plioceno (de 1 a 5 milhões de anos atrás) que podia chegar a 12 metros de comprimento e é um ancestral do jacaré-açu, de cerca de 5 metros, que ainda hoje pode ser visto no Acre. "De anfíbios o número é aproximadamente o mesmo", continua o professor de Zoologia da Universidade Federal do Acre, um homem de 49 anos, baixo, moreno e esperto, um tipo "mateiro" que passa mais tempo coletando espécimes na floresta e nos rios do que em sua sala e laboratório. Souza fez tese de doutorado sobre outro rio, o Juruá, e atualmente pesquisa muito no Parque Estadual do Chandless, afluente do Purus, região de 600 mil hectares preservada em 99,4%.

"Na Amazônia inteira, que ocupa 60% do território brasileiro, há cerca de 3 mil doutores", observa. "Só na USP (Universidade de São Paulo) há mais de 5 mil." O que ele quer dizer é que há dezenas de espécies – não apenas répteis e anfíbios, mas também aves, das quais já se catalogaram mais de setecentas espécies, e borboletas, mais de mil – e de outros campos de estudo a descobrir na Amazônia. A própria paleontologia, por exemplo: Euclides menciona em *Terra sem história* que não havia ainda registro de fósseis na região. Nesse aspecto, portanto, a Amazônia é mais velha – tem mais história – do que Euclides pensou.

"Isto aqui deveria ser um imenso laboratório", concorda outro professor da universidade, o botânico Evandro Ferreira. Ele tem descoberto variedades antes não catalogadas de amendoins, frutas, bambus, óleos, madeiras e sementes de grande potencial produtivo em alimentação, mobiliário, artesanato e até energia. Nota que Euclides, apesar de ter coletado plantas e pedras para futura pesquisa do museu de Emilio Goeldi, em Belém, não se deteve nessas riquezas por motivos óbvios – estava concentrado na demarcação hidrográfica e nas atribulações expedicionárias –, mas que foi responsável por percepções pioneiras sobre a geologia do Purus, nessa "terra sem pedras" que é o Acre. "O Purus é como um mar onde um dia se sedimentou a terra vinda dos Andes, daí seu leito divagante", diz Evandro. Euclides foi o primeiro a registrar essa característica do leito, responsável pela formação dos "lagos", braços de rio que se dissociam nas vazantes, formando pequenas reservas de alta biodiversidade – onde os pesquisadores dizem que, lançando a luz de uma lanterna, os olhos dos jacarés parecem criar um céu pleno de estrelas, tantos são os que flutuam ali.

O paleontólogo Alceu Ranzi, especialista em fósseis amazônicos, ratifica: "O Purus e seus afluentes divagam, cortam, transportam, depositam e retransportam esses sedimentos de remota origem andina. Depois de chegar ao Amazonas, eles continuam sua viagem e acabam alimentando com nutrientes os manguezais no litoral do Amapá e das Guianas". Ranzi diz também que o Purus e o Juruá, seu irmão gêmeo, são "os mais divagantes rios do mundo". E explica: "Ambos estão migrando para a margem esquerda, deixando na margem direita os sinais de sua passagem. Esses sinais são os lagos em forma de U, cujas imagens podem ser vistas por satélite, e que podem estar até dezenas de quilômetros distantes da margem atual do rio".

Euclides foi ainda mais longe. Em sua análise, apesar da divagação do leito, do deslocamento das margens, o Purus já teria, no corte longitudinal, a forma de um "ramo de parábola" que o geógrafo americano Morris Davis (1850-1934), em *Rivers and valleys of Pennsylvania* (1889), havia definido como característico desse estágio. "O Purus está numa fase avançadíssima de desenvolvimento", propôs Euclides. "É o caso excepcional de uma grande artéria capaz de ser navegada nas mais extremas nascentes durante as cheias." Seus declives regulares, apesar do leito instável, mostrariam ter um eixo, uma integridade em sua linha direcionada para o norte. A prova disso era que as águas sempre retomam seu rumo depois das enchentes, impedindo bifurcações definitivas e correntezas vertiginosas, graças aos "lagos".

O Purus é um pouco mais antigo ainda do que Euclides pensou. "O rio Purus é do Mioceno (Terciário)", afirma Ranzi. "A maioria dos fósseis nas barrancas é do Mioceno Superior – de animais que viveram de 5 a 8 milhões de anos atrás, em um ambiente lacustre", diz Ranzi. "Com o soerguimento da cordilheira andina, esse imenso 'lago Amazonas' foi substituído pelos sedimentos que desciam dos Andes. O que era o fundo do lago hoje é a terra que dá suporte à Floresta Amazônica." Mas Euclides, se errou na medição, não errou na sensação. Panzi diz que é correto afirmar que o Purus tem um eixo, pois nunca perde a continuidade e a vazão. Ao mesmo tempo, trata-se de "um jovem rio à procura de seu leito definitivo".

Subindo o Purus, o que chama a atenção em primeiro lugar é a cor da água, barrenta, resultante da quantidade de terra e de árvores que ele

Em Sena Madureira, o batismo da baleeira em homenagem ao escritor

EUCL

retira das margens com o volume de sua corrente caudalosa. Entre o Iaco e o Curanja, ele tem até 200 metros de largura e 20 metros de profundidade média, regular em quase toda a extensão, de cerca de 750 quilômetros. No conjunto, o rio mede quase 3 200 quilômetros e tem vazão média de 8 400 metros cúbicos por segundo. É um dos maiores fornecedores de peixes da Bacia Amazônica. Barbosa de Souza diz que ele era mais piscoso há menos de duas décadas, com muito mais exemplares de pirarucu ou matrinxã, peixes saborosos e disputados pela população local ou visitantes. Outros que são encontrados em suas águas são pacu, curimatã, tambaqui, piau, filhote e dourado. Não por acaso é comum ver botos mergulhando atrás deles nas confluências dos igarapés. Ouve-se um barulho de esguicho e, com sorte, se vê o dorso cinza saindo da superfície e rapidamente afundando de novo.

O visual, porém, não é tão povoado ou peculiar. Na fauna, o que predomina são, por exemplo, aves corriqueiras em todo o território brasileiro, como andorinhas e garças, estas na maioria das vezes solitariamente pousadas numa praia formada pela vazante do rio, especialmente nas curvas. De vez em quando se vê um grupo de araras-azuis ou um bando de papagaios empoleirados num paredão; ou então a harpia, espécie de gavião, e o mutum. Outra cena comum é a dos barcos de ribeirinhos se deslocando vagarosamente pelas margens em busca de animais como jabutis, calangos e siris, eventualmente substituídos por alguns de maior porte, como jacarés (comuns nos "lagos"), pacas e antas.

Macacos-aranhas e bugios são também vistos habitualmente pela população local, embora em nove dias de navegação tenhamos nos deparado apenas com um grupo num igarapé. Um pouco mais adentro é comum encontrar felinos como as onças e os maracajás, um tipo de gato selvagem pintado; e as serpentes, como a sucuri, a jiboia, a pico-de-jaca – que pode chegar perto de 3 metros de comprimento – e a altamente venenosa cobra-papagaio, que Souza exibe em seu laboratório. Não há morador da região que não tenha história pessoal para contar sobre onças e cobras. No relatório da marcha, por sinal, há a informação de que Euclides sentia bastante medo de cobras e, por isso, obrigava os soldados a proteger sua barraca quando acampavam numa das praias.

Mesmo assim, não é uma fauna facilmente discernível, como é, digamos, no Pantanal. Muito mais abundantes são os insetos, como os carapanãs, meruins e os temidos piuns, que se parecem com pequenos borrachudos e amolam incessantemente os humanos, deixando uma coceira duradoura e desagradável. Somos obrigados por eles, e não apenas para nos proteger do sol, a usar calças, chapéus e camisas de manga comprida, depois de espalhar repelentes em creme e antes de borrifá-los em *spray* por cima. Uma das duas grandes vantagens de seguir navegando à noite, além de obter uma brisa muito bem-vinda depois de um dia de sol intenso, é impedir ou ao menos reduzir o ataque dos piuns.

Por sinal, Euclides é visto em algumas fotos com um chapéu do qual pende uma rede translúcida, como se fosse uma espécie de mosquiteiro portátil. Carapanãs e piuns, assim como outros insetos "infernais", merecem espaço até no relatório oficial da comissão escrito por Euclides em 1906, pelo prejuízo à medição astronômica: "Falta ao observador [...] a serenidade indispensável que a tiram, na melhor ocasião, a sucção dos piuns durante o dia, as ferroadas dos carapanãs durante a noite e os cáusticos das *mantas blancas* e meruins invisíveis, torturas que às vezes tem de suportar, estoicamente imóvel, para não perder no momento preciso a passagem de uma estrela ou um contato do sol".

Na flora, igualmente não se trata de um quadro dos mais cromáticos. O predomínio às margens é de árvores como imbaúbas, samaúmas, mulateiros e canaranas, os capins altos. Entre as frutíferas se veem cajaranas, umbuzeiros, açaís e andirobas. No trecho que percorremos, raros foram os exemplares de seringueiras e castanheiras, que geram os dois produtos mais típicos do Acre. Evandro Ferreira cita ainda paxiúba, maçaranduba, peroba, cedro, mogno, palmeira jarina e a taboca (espécie de bambu com espinhos) como as que mais encontra em suas andanças a partir do rio – o que confirma a atualidade das anotações de Euclides. Segundo Ferreira, a Floresta Amazônica naquela região se caracteriza por ser mais aberta, com árvores de porte menor, caducifólias (que perdem folhas nos meses menos quentes), capazes de sobreviver a mais de quatro meses de estiagem. Em todos os aspectos, a começar pela própria variedade da vegetação, não existe uma Amazônia; existem várias.

Tal clima é outra característica que imediatamente se destaca na subida do rio. Como na Amazônia e também no semiárido, ele é tão marcante que o período em que as chuvas se reduzem, de abril a setembro, quando as outras regiões brasileiras atravessam outono e inverno, é chamado de "verão". Rios como o Chandless podem baixar até 2 metros num mesmo dia, o que provoca, evidentemente, mudanças em todo o ecossistema local. De dia, há o bafo quente que incomodou tanto a Euclides. De noite, ocorre um fenômeno curioso: a temperatura cai e a umidade se precipita, deixando o chão do barco como que banhado de orvalho. Em muitas passagens é comum observar entre as copas de árvores mais altas uma nuvem de vapor, como uma cerração suspensa, que produz um efeito bonito no horizonte, especialmente nos belos crepúsculos violeta, e não deixa dúvidas sobre a umidade que nos cerca. E, quando a chuva vem, é na forma de uma massa torrencial, com horas de duração, pingos grossos e oblíquos, o que é uma regra e não exceção ali.

Euclides, em *À margem da história*, disse que o clima era "caluniado", como que condenando a região à morte e à miséria, encadeando "dias inúteis ante a estranha imobilidade das paisagens de uma só cor, de uma só altura e de um só modelo", sob um calor paralisante que gera doenças e proclama o deserto naquela "natureza anfíbia, misto de águas e de terras". Mas "o exagero é palmar", escreveu. De vez em quando um "súbito estremeção de frio" sacode o habitante, dando uma cotovelada vital, e o clima se revela menos difícil que, por exemplo, o de uma Indochina, onde a França colonizadora lutava contra a mortalidade. "Não é o clima que é mau; é o homem", resume Euclides. Com conhecimento de causa e estratégia de efeito, a aclimatação é plenamente possível.

Em outros momentos, como já havia ocorrido em *Os sertões*, Euclides recorre ao repertório bíblico para falar daquela floresta que o homem ainda não sabe como domar. Diz que a Amazônia é como uma página do *Gênesis*, ou seja, como o paraíso antes da expulsão do homem. É uma terra em que parece "extinta a ideia do tempo", que parece "desgraciosa e triste, porque é nova", na qual "desaparecem as formas topográficas mais associadas à existência humana". Lugares por batizar, matas virgens onde o homem que vem do sul se sente deslocado e exilado, ausência de medições e trabalhos que organizem o espaço: eis o paraíso que, apesar da monotonia e do calor, Euclides vê sugerido no deserto pluvial, duro mas não impossível de domar.

Mesmo mais de um século depois, subir o Purus é ainda ter essa sensação de um mundo intocado, ainda por povoar, em que o tempo parece rodar em outra escala, em que há nomes desconhecidos de plantas e bichos, em que muitas localidades só receberam o batismo oral e não o registro em mapa. As distâncias exatas não são sabidas pelos habitantes, que sempre as referem em número de horas: "Santo Amaro fica a seis horas daqui", "Até Santa Rosa é um dia de barco". É que o rio, com sua tortuosidade, praticamente duplica os itinerários: de Manoel Urbano a Santa Rosa, por exemplo, são 380 quilômetros em linha reta, mas ultrapassam 700 quilômetros de navegação fluvial. Euclides anotou trechos em que a diferença entre o percurso por terra e por rio chegaria a vinte vezes.

Diante de natureza tão complexa, tão capciosa, Euclides seguiu a viagem num estado de espírito muito semelhante ao que a antecedeu: oscilando entre momentos de fascínio com as novidades e grandezas da Amazônia e momentos de desespero com as dificuldades e fraquezas da expedição. A partir da foz do Iaco, a subida acentuaria ainda mais os tormentos. Mas, como sempre em Euclides, isso só intensificaria, por contraste, seu desejo de consumar aquele decantado ideal.

Capítulo 2

Homem sem prumo

"O seringueiro é o homem que trabalha para escravizar-se."
À margem da história

O que Euclides viu no Purus? Um corredor de seringais. Do Iaco para cima, calculou a existência de "mais de 120 seringais brasileiros". Alguns deles chegavam a ter centenas de trabalhadores. Euclides os visitou aqui e ali. No relatório oficial de 10 de março de 1906, escrito e publicado já no Rio de Janeiro, escreveu na seção O Povoamento: "As levas povoadoras avassalaram quase todo o Alto Purus". Também registrou que o Purus inteiro ultrapassava a marca de quatrocentos seringais. E resumiu: "Quatro quintos do majestoso rio estão completamente povoados de brasileiros, sem um hiato, sem a menor falha de uma área em abandono, ligadas as extremas de todos os seringais – estirando-se unida por toda aquela largura, que lhe define geometricamente a grandeza, uma sociedade rude porventura ainda, mas vigorosa e triunfante". Faltava, portanto, ocupar todo o quinto final.

É que Euclides cruzou a região no auge do ciclo da borracha, normalmente datado de 1879 a 1912. Em 1903, o Brasil tinha adquirido da Bolívia o território do Acre, de olho sobretudo na exploração das seringas. Euclides anotou a produção de látex obtida no Purus no ano anterior: 6 750 toneladas, "isto é, mais de um terço da produção total do estado do Amazonas". Era quase o dobro da de dez anos antes (3 459), que por sua vez era mais que o dobro da de 1885 (1 648). Ou seja, o rio mais que quadruplicara sua exportação de borracha em vinte anos. Para Euclides, o objetivo agora seria continuar essa ocupação para cima de uma localidade, Sobral, onde encontrou o último seringal de brasileiros, "a mais avançada atalaia dessa enorme campanha com o deserto". Dali até Santa Rosa, hoje Santa Rosa do Purus, na fronteira com o Peru, havia uma "faixa neutra", abandonada pelos caucheiros peruanos – o que para Euclides era uma demonstração da força superior dos seringueiros brasileiros.

Esse homem, para ele, não era outro senão o jagunço, o caboclo, o sertanejo "antes de tudo um forte" que ele conhecera em Canudos, ainda que no caso da Amazônia vindo sobretudo do Ceará. Na disputa entre eles e os peruanos, Euclides, recorrendo à expressão de Darwin, via em curso "uma vasta seleção natural". No confronto com o desconhecido, o que se requeria era "uma vontade, um destemor estoico e até uma compleição física privilegiada". O eco de *Os sertões*, a seguir, fica ainda mais evidente: "Lá [no Alto Purus] persistem apenas os fortes. E sobrepujando-se pelo número, pelo melhor equilíbrio orgânico de uma aclimação mais pronta, pela robustez e pelo garbo no enfrentarem perigosos, os admiráveis caboclos cearenses que revelaram a Amazônia".

Não que a ocupação atendesse a seus critérios; longe disso. Euclides observou que ali havia uma sociedade principiante, fruto de uma "colonização à gandaia", em que as propriedades se concentravam nas mãos de poucos, o que levava a um regime de servidão. Os seringueiros viviam afastados, sob uma justiça "serôdia [tardia] ou nula", explorados economicamente, como numa "sociedade sequestrada ao resto do país". Tal observação vai reaparecer no primeiro texto de *À margem da história*, quando, comentando sobre o "paraíso diabólico" dos seringais, Euclides critica o regime de trabalho vigente:

> *[...] Nas paragens exuberantes das héveas e castiloas, o aguarda a mais criminosa organização do trabalho que ainda engenhou o mais desaçamado egoísmo. [...] De feito, o seringueiro – e não designamos o patrão opulento, senão o freguês jungido à gleba das estradas – realiza uma tremenda anomalia: é o homem que trabalha para escravizar-se.*

Sempre endividado e adoentado, o caboclo se vê à mercê da instabilidade do rio e da opressão do patrão, que o multa pesadamente, segundo "um feudalismo acalcanhado e bronco". Embora seja um "lutador excepcional", ele é imprevidente e tem uma família para sustentar. Não lhe é dada a oportunidade de adquirir a terra; logo, ele vive em barracas no meio do mato, habitações que não vê razão em melhorar. Em outro texto do mesmo livro, Euclides compara a situação do cearense amazônico à do italiano que imigrou para São Paulo, com ajuda dos poderes públicos. Mal alimentado, o seringueiro começa seu trabalho com a machadinha já precisando pagar contas. Sua faina é dolorosa:

> *A exploração da seringa, neste ponto pior que a do caucho, impõe o isolamento. Há um laivo siberiano naquele trabalho. Dostoiévski sombrearia as suas páginas mais lúgubres com esta tortura: a do homem constrangido a calcar durante a vida inteira a mesma estrada, de que ele é o único transeunte, trilha obscurecida, estreitíssima e circulante, que o leva, intermitentemente e desesperadamente, ao mesmo ponto de partida. Nesta empresa de Sísifo, a rolar em vez de um bloco o seu próprio corpo – partindo, chegando e partindo – nas voltas constritoras de um círculo demoníaco, no seu eterno girar de encarcerado numa prisão sem muros [...], vão-se-lhes, com a inteligência atrofiada, todas as esperanças.*

Euclides viu no seringueiro um solitário no deserto. Em 2009, ele o veria ainda mais. Ou melhor, nem sequer veria seringueiros.

Nos cerca de 800 quilômetros de navegação que fizemos Purus acima, do Iaco ao Curanja, não encontramos nenhum seringal ativo. Tudo que encontramos foram seringueiros aposentados, vivendo em pequenos povoados familiares, com filhos e netos longe da lida do látex. Em todos os aspectos, a geografia humana é praticamente oposta àquela que Euclides divisou e planejou. Em vez de um Purus cercado por seringais com trabalhadores bem pagos, capacitados para ter suas terras e fazer suas fortunas como os exploradores do Oeste americano, o que se vê um século mais tarde é um rio ainda menos habitado, sem atividades produtivas, nem mesmo as exploratórias ou predatórias.

Antes do nosso embarque em Sena Madureira, por sinal, o padre Paolino Baltassari, que veio da Itália para o Brasil em 1950, estudou Teologia em São Paulo e nove anos depois se radicou no Acre, já nos

“DE FEITO, O SERINGUEIRO – E NÃO DESIGNAMOS O PATRÃO OPULENTO, SENÃO O FREGUÊS JUNGIDO À GLEBA DAS ESTRADAS

– REALIZA UMA TREMENDA ANOMALIA: É O HOMEM QUE TRABALHA PARA ESCRAVIZAR-SE.”

Euclides da Cunha

alertara: “Quando eu cheguei aqui, a seringa já estava se acabando, a pobreza se alastrando. Não é que a seringa trouxesse o progresso. Ela não trazia, porque a vida que o seringueiro leva é uma vida bestial”, continua. “Mas hoje não restou nada. O rio era mais rico, a mata também.” Aos 83 anos e 82 malárias, padre Paolino continua subindo e descendo o Purus, o Iaco, o Acre e outros rios da região, atendendo ribeirinhos, fazendo partos e batizados, receitando remédios (é autor de um pequeno livro sobre propriedades medicinais das ervas amazônicas), ensinando a evitar dengue e outros males que surgiram mesmo com a erradicação da malária há catorze anos. Em Sena Madureira, é uma espécie de autoridade: atende cidadãos na igreja, enfrenta motéis (toda vez que surge um, vai amolando as autoridades até que fechem suas portas), defende índios. Não acredita em “manejo sustentável” da madeira, porque não há como controlar áreas de até 5 mil hectares. Mas acha que é possível explorar suas outras riquezas sem desmatamento. “Não sabemos 5% do que a Amazônia tem.”

Os caboclos hoje, no entanto, se ocupam exclusivamente da agricultura de subsistência: plantam principalmente mandioca, milho e arroz para comer ou então trocar a farinha por outros alimentos ou roupas no povoado vizinho ou nas cidades como Manoel Urbano e Santa Rosa. Também pescam e caçam; a carne de jabuti é predominante às margens do Alto Purus. Outra fonte de alimentação são as inúmeras árvores frutíferas, não só como graviolas e cajaranas mas também bananeiras. Muitos, cada vez mais, criam também algumas cabeças de gado, usando como pasto as áreas mais abertas nos pequenos platôs que se repetem nas curvas do rio. O comércio local, assim, é mais baseado no escambo do que em papel-moeda. Se não fosse a ajuda do governo federal, nem isso teriam.

Foram necessárias apenas algumas horas Purus acima, depois da confluência do Iaco, para que percebêssemos a situação. O primeiro lugar onde paramos, no trecho do Purus que volta para o Amazonas antes de começar a cortar o Acre a partir de Manoel Urbano, se chama Silêncio de Cima. Fica de fato no alto de um barranco, como a grande maioria dos povoados do Alto Purus, em razão das cheias do rio. E é de fato uma localidade silenciosa, onde tudo dá a impressão de que iria acontecer e não aconteceu. A família Dias da Silva se aproxima curiosa quando aportamos. Aportamos por assim dizer: saímos de botes da baleeira e encostamos na margem do rio, ao pé da barranca, onde a lama está sempre presente e não há senão alguns esboços de degrau na parte mais acima, onde grama e capim já revestem o solo.

A primeira pessoa que nos chama a atenção é um homem sem camisa com "peito de pombo", uma deformação óssea que projeta seu esterno para a frente. A segunda pessoa é outro homem, de meia-idade, que tem o semblante melancólico e a pele esverdeada. Os demais contam que ele está com anemia e que aparentemente sofreu um derrame cerebral, que lhe tirou o movimento de um braço. Crianças então começam a surgir, enquanto caminhamos em direção à casa da família. É a típica construção de madeira sobre palafitas e teto de palha trançada que encontraremos em todo o trajeto a partir dali. Neste caso, há uma raridade: uma antena movida a energia solar, que a família diz ter custado mil reais, ligada a um pequeno aparelho de TV na saleta da frente. Quando perguntamos a que horas costumam dormir, respondem: "Depois da novela". Ninguém sabe dizer com certeza se está no Acre ou no Amazonas.

No quintal, com sujeiras espalhadas, há galinhas e porcos. O patriarca, seu Miguel, mostra então o couro de um maracajá, espécie de gato selvagem, que foi morto pelo cachorro no dia anterior. Explica em detalhes como esticou e amarrou a pele do pequeno felino em paus cruzados e conta que já matou muitas onças nos arredores, "mais antigamente do que agora". Além das criações, eles costumam comer carnes de jabuti, cotia e paca, que caçam na floresta logo atrás do terreno, e pescam bastante, destacando o matrinxã. Outro alimento são as frutas, como as cajaranas, que gentilmente insistem que levemos de presente. Como ouviremos seguidamente rio acima, o que mais pedem é combustível para os batelões em que descem e sobem o rio para sobreviver.

No relatório da expedição comandada por Euclides, Silêncio de Cima foi motivo de uma nota positiva em 13 de maio de 1905: "Fato singular, não havia absolutamente carapanãs neste ponto, de modo que passamos uma bela noite". E repetida no dia seguinte: "Passamos também neste ponto uma esplêndida noite devido à ausência completa de carapanãs". Não é necessário explicar que o registro foi feito porque os carapanãs eram rotineiros até então e depois. Em nosso caso, apesar de protegidos sempre com camisas de mangas compridas, calças, botas e chapéus, não houve pausa notável na população de piuns.

O clima de desolação é maior na parada seguinte, Boa Vista, um terreno ainda mais amplo num barranco mais alto, onde a frota de Euclides pernoitou e fez "nova provisão de gêneros". Quem está ali, totalmente solitária, é Eliene da Costa, de 26 anos. O marido, cujo nome verdadeiro não sabe informar, apenas o apelido Ramon, saiu há alguns dias para trocar por carne e roupa o milho e a mandioca que planta no lugar das castanheiras que derruba. Só deve voltar dali a alguns dias também. Eliene conta que chegaram há apenas seis meses, vindos de Rondônia, atrás dos passos de um irmão que mora ao lado. "Ele é meu segundo marido", diz. O primeiro ficou com seus dois filhos, de 8 e 2 anos. "Choro de saudade dos meus meninos." Ela não recebe nenhuma ajuda do governo e lamenta muito não ter estudado; não sabe nem sequer escrever o nome. "Tenho 'rependimento'." Comenta que pediu ao marido para estudar num vilarejo vizinho, mas que ele negou: "Pra que você casou se quer estudar?". Os dias ela passa na roça. À noite não tem rádio nem TV.

No dia 7 de março, um sábado, subimos mais algumas horas até chegar a São Salvador, primeira localidade que reúne mais de uma família. São nove, somando cerca de cem pessoas. À medida que o barco se aproxima, vemos uma vila mais organizada, com casas pintadas e cercadas. Começamos a ouvir gritos e coros e logo vemos de onde eles vêm: de uma das casas, em cuja fachada está escrito IGREJA ASSEMBLEIA DE DEUS. Chegamos no momento do culto e somos convidados a entrar e assistir. A moça que comanda as leituras e as orações, intercaladas sempre pelos "Obrigado, meu Deus" de cerca de trinta mulheres e crianças, é Jocinete Brandão de Oliveira, assessora do pastor, que não mora ali, mas em Cachoeirinha. Quando ela nos vê, imediatamente faz referência em seu sermão: "Essa gente que está aqui, Senhor, que seja abençoada, Senhor. Nós sabíamos pelo rádio que eles viriam e agradecemos ao Senhor". As frequentadoras respondem em uníssono: "Obrigado, Jesus!". Jocinete tem 33 anos e cinco filhos. Seu marido é chamado de "dirigente" pelo povoado; é uma espécie de prefeito e no momento não está. "Ele foi comprar boi."

O sogro de Jocinete é o morador mais velho da vila, Carlos de Oliveira Filho, o seu Carlito, de 78 anos. É um homem de sorriso fácil, chapéu de palha, rosto talhado; no braço esquerdo, uma cicatriz de taboca – o bambu com espinhos típico da região – que caiu enquanto abria picada no seringal; a camisa aberta no peito mostra uma corrente com medalhinhas católicas. Ele é o único do povoado que não aderiu aos evangélicos. Cearense como a ampla maioria dos caboclos que vieram para o Acre, está há 73 anos em São Salvador. O pai era português; a mãe, cearense. Como "não havia outro meio", ele, que só sabe ler e escrever o nome, começou a cortar seringa ainda criança e trabalhou durante 45 anos, "oito dias por semana", como diz: "seis dias e duas noites".

Até hoje Carlito se lembra de um dia em 1943, durante a Segunda Guerra Mundial (momento em que a borracha viveu um segundo, embora menor, surto de exploração), em que "um navio chegou aqui cheio de *brabo* pra cortar seringa" e a malária começou a atingir quase todos, além de outras doenças como a varicela. "Teve homem que tinha duas mulheres", Carlito sorri antes de continuar, "e nove filhos e só escapou uma filha, por nome Benedita". Ele também teve malária, "muitas", mas diz que quase morreu mais recentemente por causa de uma catapora. Ele também se lembra de quando, nos anos 1970 , um grupo para erradicação da malária chegou "barrifando" (borrifando). "Hoje é difícil ver malária por aqui."

Mais difícil ainda é ver seringais. "Hoje quase ninguém mais corta seringa", diz, acrescentando que chegou a saber de seringais na região que tinham até 3 mil homens. Seu Carlito ficou na lida até 1976. "Perdi minha mocidade trabalhando. Nunca tive forró no fim de semana, nunca fui a carnaval na cidade. Meu irmão não, meu irmão era forrozeiro." Ao se aposentar naquele ano, foi como "soldado da borracha", motivo pelo qual recebe pensão do Funrural de mais de 800 reais. Ele exibe seu retrato com a farda verde, expressão sisuda que nada tem a ver com a que conhecemos. O que lhe dá mais prazer é ficar na varanda voltada para o rio, rio que antes tinha raia, pirara, tambaqui – peixes que eles apanhavam de arpão, de tão numerosos – e "hoje não tem mais nada disso". Ele não deixa que a mulher, dona Antonia, aumente os quartos e reduza a varanda, que chama de "sala para fora". Justifica: "Na cidade é que moram escondido".

Dos catorze filhos que teve ("catorze comigo", ressalva dona Antonia, "com outras não sei, não"), dois estão mortos e a maioria das filhas foi morar nas cidades (Sena Madureira e Rio Branco), casar e/ou trabalhar no comércio. "Hoje as mulheres vão tudo para a cidade", diz, sem demonstrar irritação ou tristeza no tom. "Eu não sei como é lá com vocês", continua, "mas aqui a mulher é que governa o homem. A mulher todo mundo quer, porque o homem não tem moral. Toda morte matada é por causa de quê?

Jarlon Santana da Silva, de 10 anos, morador de Silêncio de Cima, oferece cajaranas para os jornalistas. Em Boa Vista, Eliene da Costa, de 26 anos, casou e agora não pode estudar.

De mulher. E hoje ela tem mais dinheiro que o homem", completa, referindo-se a programas como Bolsa Família e auxílio-maternidade.

Sobre a religião, Carlito e Antonia têm pontos de vista muito diferentes. Ele não vê motivo para frequentar igrejas. "Deus não precisa de mim para nada; eu é que preciso dele, a toda hora e a todo instante. Ele fez esse mundo, não precisa de mim." O desembargador Arquilau, para provocar, pergunta: "Essa história de que o homem vem do macaco. O senhor acredita?". Carlito começa a responder que sim, quando dona Antonia interrompe: "Vixe, homem, e alguém já viu macaco se transformando em homem?". Ao lado, as netas Estela, 7 anos, e Janaína, 8 anos, dão risada. O avô conta também a história do mapinguari, criatura folclórica que seria um homem com um olho só, o umbigo de fora e pés de pilão, que viveria na floresta assustando as pessoas. "Nunca vi, mas acredito."

Carlito conta que nos seringais um trabalhador era capaz de extrair 1 tonelada de látex por ano. "Mesmo um irmão meu, que mora aqui de cima (aponta), certa feita conseguiu fazer 1 380 quilos." Carlito, porém, não era bom assim. "Todo mundo quando fica velho diz que foi isso, que foi aquilo. Eu não", diz, com bom humor. "Eu não era bonito, não era valente. Os outros tiravam 20 litros de leite (látex) num dia e eu só tirava 6." Enquanto dona Antonia ouve em silêncio, só confirmando com o movimento da cabeça, seu Carlito continua o capítulo de negativas: "Nunca fiz nada que prestasse. Todo objeto que compro tem defeito. Todo negócio que faço dá prejuízo. Se vendo fiado, não recebo. Mas para mim tá bom, porque nunca fiquei endividado. Nunca devi nada a ninguém. Se devo um real, eu pago, mesmo que o sujeito não queira".

Quando Euclides esteve em São Salvador, havia um barracão com bandeira peruana, a qual, por protocolo, foi cumprimentada pela comissão mista. O diário registra: "Este barracão parece-me pertencer ao célebre 'Cariri'". Cariri foi um seringueiro lendário de quem se dizia ter "corpo fechado". Seu Carlito conhece essa história também, que lhe foi contada pelo pai. "Naquele tempo tinha muito homem de coragem", diz. Tinha muita violência também. "Dizem que em 1903 os peruanos vinham aqui e enfiavam paus nos quartos das mulheres" (empalavam). A grande rivalidade do cearense Cariri era com o coronel José Ferreira, seringalista de Liberdade, que em 18 de maio, segundo o diário, Euclides procurou para uma visita, mas não o encontrou. "O doutor Euclides foi procurá-lo a fim de entender-se com ele, a pedido do comandante Buenaño, a respeito de uns peruanos que diziam acharem-se presos e servindo de escravos, o que absolutamente é inexato, segundo aí nos informaram."

Carlito conta que às sextas-feiras Cariri sempre se vestia só de preto, como num ritual. Os jagunços do coronel Ferreira cercaram sua casa, montaram trincheiras e abriram fogo "por três dias e três noites". Cariri, que usava sacos de farinha com estopa para fechar as frestas das paredes, estava acompanhado de "uma companheira e um guarda-livros". Depois dos três dias, sem água nem munição, eles decidiram fugir no meio da noite. Cariri mandou que os dois ficassem o tempo todo com uma mão em seu ombro e não a tirassem por nenhum instante. Eles tiraram e foram atingidos. Cariri, não. "Bala não entrava nele", diz Carlito. "Ele só foi morrer em 1922, em Sena [Madureira], quando roubaram as ceroulas e uma oração que ele carregava e aí conseguiram abrir o corpo dele."

Saímos de São Salvador, passamos por São Paulo e logo depois chegamos a Macapá, onde a expedição de Euclides começou a ver o agravamento de alguns problemas: duas embarcações encalharam e os primeiros seriamente doentes, no caso um peruano, surgiram. Em Macapá, fomos visitar uma madeireira, algo que Euclides jamais registra, e ver seu funcionamento, que segundo a placa seguiria um plano de MANEJO SUSTENTÁVEL. Mas a encontramos parada, quase desabitada, com dezenas de grandes troncos derrubados já cobertos de vegetação. Na fileira de casas de madeira cinza, que davam ao vilarejo um aspecto de cidade-fantasma, conversamos com uma mulher, Maria Inês, que estava preocupada com a filha, deitada no quarto, cercada de mosquitos, com suspeita de dengue, à espera de atendimento. Maria Inês contou que a madeireira só tinha funcionado por um mês e depois ficou desativada por ser objeto de litígio entre dois proprietários. Seu marido tinha saído para caçar e pescar. A maioria dos funcionários abandonou o serviço. Só voltaríamos a ver corte de madeira no Peru, onde é permitido.

Depois de Catiana e Novo Santarém, chegamos a Novo Destino, localidade citada no diário de 1905, que registra ali o encontro com um destacamento do 36º Pelotão de Infantaria, num lugar de propriedade de "um sr. Mariano". É dali que, em 17 de maio, Euclides escreve carta ao barão do Rio Branco comunicando a satisfação de ter chegado sem incidentes nem demoras significativos, em "perfeita harmonia" com a Comissão Peruana. E manifesta muita confiança:

Dominaremos até princípios de julho todas [sic] as cabeceiras do Purus, descendo para Manaus com os primeiros repiquetes da enchente. Na travessia que realizamos temos conseguido muito, já pelo que diz respeito à retificação de muitos trechos, visivelmente errados, deste rio, já pelos resultados dos exames dos terrenos, cuja constituição é absolutamente desconhecida da ciência. Nenhum destes dados, porém, tem um caráter de urgência justificando uma comunicação imediata.

Nossa parada seguinte foi numa cidade que Euclides não viu: Manoel Urbano. Fundada em 1963 e, obviamente, batizada em homenagem ao desbravador do Acre, ela tem hoje cerca de 7 mil habitantes, incluindo a zona rural, e sua jurisdição vai até a boca do Chandless, um dia de barco acima. É uma cidade de algumas ruas asfaltadas, a principal delas o íngreme aclive que sai do porto fluvial até a parte plana. Vive do comércio não só de alimentos mas também de roupas e outros itens de consumo básicos. É muito conhecida no Acre por seu festival de pirarucu, realizado em setembro. Na sede da prefeitura, pela primeira vez desde nossa partida, mais de 24 horas antes, tivemos acesso a internet e telefone (dispúnhamos de um aparelho satelital, mas que raramente obtinha sinal estável). Na escola, tivemos o primeiro banho que não foi com a água do rio, encanada para os dois andares da baleeira. Dormimos ancorados, à espera da outra, que havia ficado para trás. No porto havia mais cinco barcos, um dos quais recebeu garotas de programa durante a noite. Na manhã seguinte, já sob sol forte, famílias vieram se despedir dos que iam viajar.

Na região de Paysandu, duas horas acima (num ritmo 50% mais veloz que o da expedição de Euclides, segundo confronto dos diários), vimos outra coisa que o escritor não viu: a rodovia BR-364, a mesma Transacreana que nos levara de Rio Branco a Sena. Ainda coberta por uma terra avermelhada e úmida, a larga estrada está sendo asfaltada naquele trecho, onde também ganhará uma ponte de 400 metros de comprimento – que será a primeira do Alto Purus em toda a sua história. No momento, a travessia é feita de balsa. Na encruzilhada entre rio e rodovia vemos um posto de trabalho em cada margem, desocupados por se tratar de um domingo. Habitantes nos informam que há projeto para construir um posto de combustível e um restaurante junto à ponte, o que indica uma futura ocupação e, quem sabe, urbanização do local. Euclides, que imaginou uma ferrovia em traçado semelhante, se espantaria com o fato de *não* ter sido construída em 104 anos de intervalo.

Paramos depois em Liberdade, onde Euclides procurou o coronel Ferreira. Encontramos duas casas da mesma família separadas por um igarapé. Na casa de Antonio Pereira Dias, 32 anos, estavam seus seis filhos, pelos quais sua esposa recebe Bolsa Família no valor total de 120 reais. Perguntamos a dois de seus filhos, Andralino, 11 anos, e Juscelino, 10 anos, se são alfabetizados. “Eles não sabem ler”, responde Antonio. “Só conseguem escrever o nome.” Os dois vão nos ajudar a entrar numa canoa para atravessar o igarapé, chamado Requexim, até a casa de cima, onde vamos conversar com a matriarca da família, Maria Dias de Almeida da Silva. No caminho, mexem no bolso e levam a mão à boca intermitentemente. De lá o que retiram é um punhado de arroz semicru, plantado ali perto, que comem depois que os grãos ficam um tempo na água, antes de cozinhar, e são pisados com um pilão. Quando ganham balas e pirulitos do Projeto Cidadão, sorriem e imediatamente os consomem.

Dona Maria, que não sabe informar a idade, mora na outra casa com outros filhos e netos. Diz ter ouvido muitas histórias sobre o coronel Ferreira e Cariri, contadas por seu pai, João Dias de Almeida, mas não sabe contá-las; apenas que envolviam “rebuliço com os peruanos”. No local não existe mais nada que remeta aos tempos em que os seringais dominavam o Purus, exceto cinco árvores. “Aqui tinha muito mais gente”, comenta; “os navios encostavam e as pessoas iam chegando, até sobrava comida.” A aposentadoria do Funrural que Maria recebe é o que dá sustento a todos.

Depois de passar por Nova Alegria, local abandonado, nos aproximamos de um barranco alto, de mais de 10 metros de altura, e vemos uma movimentação intensa. Estamos ainda no bote, à frente da baleeira, para conversar com os ribeirinhos. Ao chegar perto, compreendemos a cena: cinco meninos, de idades entre 10 e 14 anos, tentam pegar um boi para colocá-lo numa canoa estacionada ali debaixo. De repente, o boi escorrega e despenca barranco abaixo, com tal rapidez que assusta a todos. Um dos meninos cai na água; outro sobe no galho baixo de uma árvore. O boi consegue frear à beira do rio e tenta subir de novo. O mais alto e forte dos rapazes, que está sem camisa e carrega um cordão com um dente de onça como pingente, segura o animal pelo rabo. O boi tenta arrastá-lo, mas logo

Os netos de José Dimas de Melo têm trabalho para carregar o boi para dentro da canoa

O menino e a onça e o ex-soldado da borracha Carlito com sua mulher, Antonia, na comunidade de São Salvador

LIGTHHOU
Soldado da Borracha
Carlos Oliveira Filho
CARLITO
Gerra 1939 - 1945

estaca. Os outros meninos chegam e o conduzem para baixo de novo. Um amarra as patas da frente, outro as de trás, e o boi então é derrubado na direção da canoa, ficando com meio corpo para fora. Enquanto o mais velho termina a amarração, prendendo agora uma dupla de patas na outra, outro garoto apoia o corpo no pescoço do bicho, que a essa altura já está ofegante e entregue. Todos sobem para dentro da canoa, o motor é ligado e eles zarpam na direção da corrente, descendo o rio até outro povoado perto, onde vão negociar o boi por cerca de 100 reais.

Lá no alto do barranco, dando as instruções ("Puxa, puxa", "Amarra agora" etc.), está José Dimas de Melo, um senhor de 80 anos, conhecido por todos como seu Deco. É mais um ex-seringueiro do Alto Purus. Nascido às margens de outro rio, o Envira, cortou seringa durante vinte anos no local onde estamos, São João. Mas desde 1959 não faz o serviço, substituído pela roça e pelo gado que hoje soma vinte cabeças. Diferentemente de seu Carlito, seu Deco tem lembranças mais felizes dos tempos de seringueiro. "Era um trabalho muito bom porque era o tempo inteiro na sombra. E a gente cortava no terço, quer dizer, a gente fazia a bandeira até onde a mão alcançava." (Bandeira são as incisões em paralelas inclinadas e espelhadas por onde o leite da seringa desce em V, até formar um fio que escorre para uma latinha fixada no tronco.) Seu Deco diz que começou a cortar aos 10 anos, como todas as crianças da época, e que acordava à 1 hora da madrugada para ir para a lida.

Ele mora ali com seu filho, sua nora e cinco netos; o resto da família está em duas casas ao lado. Sua casa é peculiar pela decoração que a nora lhe deu. É comum encontrar nas moradias ribeirinhas os cartazes de políticos usados como enfeites nas paredes, além de uma imagem cristã, de Jesus ou Maria. Mas na sala de seu Deco os cartazes se espalham pela maior parede, alternados com páginas recortadas de revistas, muitas delas com fotos de celebridades ou até propagandas de roupas íntimas, formando um mosaico colorido em que predomina o azul. Uma imagem de Nossa Senhora está sobre uma prateleira branca, dentro de uma caixa de vidro; ao lado, há outros objetos religiosos e um luminoso de Natal em forma de círculo, com lampadinhas coloridas. No teto, formando dois varais em x, bandeirinhas vermelhas de festa junina dominam a visão. A passagem para o corredor que leva ao quarto tem uma cortina também vermelha de papel crepom, igualmente presente nas toalhinhas de mesa. É um cenário que mistura artesanato e *kitsch*, uma espécie de arte *povera* que é ainda mais interessante por não ter equivalente na vizinhança.

Acima da porta da entrada, há ainda um violão pendurado e dois itens muito comuns no Alto Purus: algumas espingardas na horizontal, com os canos voltados para as brechas do telhado, e algumas chuteiras de futebol suspensas em pregos. "Já matou muita onça por aqui, seu Deco?", pergunta Arquilau. "Ah, muita", responde ele, sem saber dizer quantas, mas assegurando que "antigamente elas apareciam bem mais".

Saímos agora para um trecho mais longo na baleeira, passando antes por Bom Jardim e Samaúma Nova, na noite do dia 8 para o dia 9. Em Samaúma Nova, Euclides aproveitou o céu noturno para novas observações astronômicas. O diário de 18/5/1905 anota: "Ontem à noite o dr. Euclides e o comandante Buenaño estiveram observando Cyrios [Sirius] e outras estrelas da constelação da Ursa Maior e do Cruzeiro, para latitude". O diário informa também que "havia sensível diferença no clima", de ar mais puro, com madrugadas mais agradáveis, quase sem carapanãs. Em nossa viagem de março, o céu não estava tão estrelado, nem tínhamos equipamentos como os da expedição. Mas as madrugadas também ficaram mais agradáveis à medida que subíamos. Nas redes da baleeira, dormíamos cobertos menos por causa dos mosquitos, já que o movimento do barco trazia uma brisa fresca, e mais por causa da friagem.

Depois de mais seis horas, paramos de novo. O local se chama Santo Antônio e ali conhecemos um filho de peruano com brasileira, Elói Marques Alves, 49 anos. Ele tem onze filhos ao todo, pelos quais sua mulher recebe bolsa de 240 reais. Veio da região do Chandless, onde trabalhou durante cinco anos em seringais e hoje existe uma reserva natural, e optou por Santo Antônio "porque aqui tem comércio". Ele produz e negocia arroz, milho, banana e macaxeira (mandioca), que transforma em farinha puba, também conhecida como farinha-d'água. Vemos ali mesmo no quintal ao lado uma canoa convertida em tanque de água, onde as macaxeiras repousam e fermentam, tingindo de branco a água e exalando um odor forte. Elói não tem saudade nenhuma da seringa. "Prefiro agricultura, que já me dá de comer."

Por falar em comer, um de seus filhos, de 14 anos, faz no quintal da frente um serviço habitual. Apanha dois dos jabutis que a família mantém pendurados em árvores, como se faz em toda a região, e os põe no chão, de casco para baixo. Com um facão, bate com força nas fendas laterais. Arranca então o casco, como se fosse uma tampa de lata, e corta fora as tripas do animal, reservando a carne do fundo. Separa o coração e o deixa pulsando em cima do banco de madeira; somos informados de que ele segue assim por mais uma hora. Comer jabuti, uma carne de sabor leve e textura dura, é rotineiro nesta parte da Amazônia, em geral acompanhado de macaxeiras cozidas. O preparo mais comum se faz colocando a concavidade da carapaça para baixo, acima do fogo; a carne vai sendo lentamente defumada e depois é retirada em pedaços.

Passamos então, durante a noite de domingo para segunda, por lugares com nomes como Santa Cruz, Livre-nos Deus e Cruzeiro, que pareceram prenunciar o quase martírio que começaria a atormentar a expedição de Euclides da Cunha. A partir dali, os seringais seriam cada vez mais escassos, e mesmo os peruanos que antes dominavam a subida já estavam voltando para o outro lado da fronteira (traçada definitivamente em 1903, depois do confronto entre acreanos e bolivianos). No meio desse abandono, com o rio cada vez mais baixo, a frota de Euclides sofreu um revés grave na localidade de São Brás. Primeiro, a lancha dos peruanos, a *Cahapuanas*, encalhou. Em seguida, às 9 horas da manhã, chegaram as embarcações brasileiras – e o batelão onde estava Euclides, *Manoel Urbano*, bateu num tronco e ficou adernado, a caminho do naufrágio.

Relato do diário:

> *Deu de encontro a um pau, fez um enorme rombo e as águas invadiram impetuosamente os porões, começando as mercadorias a nadarem. Com grande esforço, e o eficaz auxílio dos peruanos, conseguimos salvar grande parte das mercadorias, creio mesmo que 2/3.*

São Brás é hoje um local abandonado, com uma casa no alto, da qual se tem uma bela vista do estirão (trecho retilíneo) que o rio assume ali. Na comparação com as fotos, tentamos localizar aproximadamente o ponto onde o batelão bateu, embora com a superfície bem mais abaixo. Como em toda a viagem, não há nem sequer um vestígio da passagem do escritor.

Configurado o problema, Euclides e uma parte da comissão decidiram então fazer uma miniexpedição de subida pelo rio Chandless, cuja foz fica algumas horas acima de São Brás, e partiram a bordo da lancha nº 4. Os demais ficaram acampados na praia, para onde rebocariam o batelão, como relata o texto no dia seguinte, último registro escrito pelo alferes Cavalcanti, que foi enviado para Manaus em busca de "recursos e instruções" e a partir dali seria substituído pelo primo de Euclides, Arnaldo, na função de diarista:

> *À tarde o tenente Argollo reuniu o pessoal e foi tentar safar o batelão, nada conseguiu por ter-se partido o cabo. Continuamos ainda acampados na praia do naufrágio do Manoel Urbano. As madrugadas são terríveis, bastante frias, cerração fechada e evaporação extraordinária produzindo muito orvalho.*

Euclides passou uma semana no Chandless, de 23 a 30 de maio. Em companhia de Buenaño, fez novas medições hidrográficas. Como Arnaldo da Cunha era auxiliar técnico, o diário assumiu tom bem mais técnico: "A nossa luneta de Lugeol e o micrômetro de fluviais deram exatos, havendo uma diferença de 4 metros para uma distância de 100 metros medida com a luneta de Lugeol da Comissão Peruana" (28/5). O frio ganhou a companhia da chuva em alguns momentos, atrapalhando a visibilidade do céu e o cálculo das latitudes. Quatro dias depois, o emprego da luneta foi abandonado, seu método considerado "morosíssimo" porque cheio de "discrepâncias", e as medições do rio passaram a ser feitas de modo mais rudimentar, com a determinação da distância entre praias e do tempo gasto para percorrê-la de canoa, em meio aos "muitos encalhes".

Ao amigo Verissimo, na boca do Chandless, em 25 de maio, Euclides escreveu uma das raras cartas pessoais da viagem:

> *Meu bom amigo, tenho dois minutos para lhe dizer: estou bom e a braços com inopinadas dificuldades resultantes de uma partida tardia de Manaus.*
>
> *O Purus, daqui para cima, mal tem profundidade para uma montaria modesta. A montante estão onze vapores e lanchas encalhados! As nossas seguiram o destino comum. O deserto agarrou-me covardemente, pelas costas, meu bom amigo!*
>
> *Mas não vacilo. Hoje conferenciarei com o comissário peruano sobre a situação – e hei de apresentar-lhe o meu alvitre único: para a*

frente, mesmo que seja a pé. Felizmente estou forte, ou melhor, com a minha saúde invariável, de sempre. Minhas saudades a todos os seus – e se puder dê notícias minhas aos meus. Lembranças aos amigos.

* * *

A chegada à boca do Chandless, 104 anos depois, no dia 9 de março, ainda debaixo de sol forte, nos trouxe uma paisagem bastante diferente da que Euclides viu. Não em sua topografia nem em sua fauna e flora. Mas no que diz respeito à geografia humana. A partir dali, veríamos bem menos vilas ocupadas por ex-seringueiros ou nômades recentes – e bem mais aldeias indígenas, estimadas em cerca de trinta até a fronteira peruana. São índios de um tipo que Euclides jamais viu, ele que sonhou tanto com a subida cada vez mais densa dos caboclos da borracha. Dos anos 1980 para cá, quando países como a Malásia passaram a dominar o mercado mundial do látex, quem foi para as margens do Alto Purus foram os índios.

A etnia mais presente é a dos kaxinawás, que se autodenominam "huni kui" (gente verdadeira). Eles somam quase 7 mil no estado do Acre, constituindo sua principal população indígena, cerca de 45% do total. Em sua grande maioria vieram do rio Tarauacá, afluente do Juruá. Também se espalharam para o Envira e o Jordão, além do Purus. Só em Santa Rosa do Purus, com cerca de 4 mil habitantes, representam metade da população, sem contar os 1 400 que moram no Peru, às margens do Purus e do Curanja. Durante décadas eles foram empregados em seringais, mas, tidos como "pouco produtivos", eram encarregados principalmente da limpeza de varadouros e estradas. Com o desenvolvimento das políticas indígenas nas últimas três décadas, nunca mais trabalharam com látex.

Foi uma pequena tribo de outra etnia, os kulinas, a que primeiro encontramos, justamente na área em V situada entre a boca do Chandless e o Purus, chamada Santo Amaro. Os kulinas são bastante diferentes dos kaxinawás. Pertencem a outro ramo linguístico, dividem-se originalmente entre o Purus e o Médio Juruá, somando cerca de 2 500 pessoas, e mantêm práticas como o xamanismo. São considerados menos "aculturados", mais arredios ao contato com os brancos, e também por isso sofrem dificuldades maiores, como o alcoolismo. Fomos até ali em uma voadeira, bote sem cobertura com motor de rabeira, e carregando um pouco de combustível para sinalizar amistosidade. Eram 3 horas da tarde e um grupo de três botos-cinza pescava afanosamente na foz do Chandless.

Adultos e crianças kulinas se juntaram no barranco bem alto ao escutar nossa aproximação. Pedimos para entrar. Perguntaram o motivo. Explicamos que queríamos conhecer a aldeia e conversar sobre o mutirão de documentação que seria realizado no dia seguinte em Nova Aliança. Eles permitiram que subíssemos, o que foi feito com muita dificuldade em virtude da lama que se acumulava à beira do rio. Escorreguei e, ao me apoiar com as duas mãos, enfiei metade da filmadora no barro. Felizmente, ela continuou a funcionar enquanto estivemos ali; mais tarde a limpamos e a deixamos aberta para que a umidade não continuasse travando a fita magnética. Lá no alto, a primeira visão era de um campo de futebol, um gramado de cerca de 50 metros de comprimento com duas traves com rede, onde é comum haver torneios entre as aldeias, independentemente de serem kulinas ou kaxinawás. Jogar bola com os indiozinhos foi um relaxamento. Em seguida visitamos a aldeia, as mulheres cantaram uma música, homens vestidos com camisas de times de futebol ou nomes em inglês falaram sobre seus costumes e carências.

Ali, como nas aldeias acima, é comum ouvir pedidos. O mais comum, vindo sobretudo de mães adolescentes com bebês suspensos ao lado do corpo com ajuda de um pano ou toalha na diagonal, é: “Tem bolacha? Me dá bolacha!” Os rostos das crianças estão pintados com formas geométricas feitas com tinta de jenipapo. Além de oferecer frutas ou amendoins como cortesia, elas tentam vender pulseiras, colares e tiaras de miçangas coloridas, a preços que variavam entre 5 e 20 reais.

No fim da tarde chegamos a Nova Aliança, aldeia kaxinawá com cerca de 150 habitantes. Ali seria realizado o Projeto Cidadão por dois dias, usando como sede a escola local, uma casa de madeira com duas salas e uma varanda. A aldeia foi escolhida justamente porque tem uma rara infraestrutura em comparação com as demais da região. Fica numa grande área plana. Na “rua principal” há iluminação elétrica, mantida por um gerador. Ao lado de uma cerca tomada por camisas de futebol que estão para secar, vemos um orelhão com um “prato” (o receptor de sinais de satélite) da Brasil Telecom, o que nos deixa esperançosos por um contato com as famílias e os trabalhos; mas logo somos informados de que está quebrado. A construção do vestiário de alvenaria ali perto e da caixa-d’água foi interrompida. Mes-

A menina Mariana Kaxinawá segura Miriam Kaxinawá, e canoas chegam de lugares distantes para participar do Projeto Cidadão na aldeia Nova Aliança

mo assim, a aldeia difere das outras, inclusive porque algumas casas têm aparelhos de TV, o que não víamos desde Silêncio de Cima. E, para nossa sorte, pela primeira vez o telefone satelital funcionou por tempo suficiente para envio de fotos e textos e também breves conversas com familiares.

No dia seguinte, graças ao combustível fornecido na tarde anterior, índios de diversas aldeias – Novo Recreio, Fronteira, Fortaleza, Novo Lugar e a própria Santo Amaro, algumas a até quatro horas de distância – vão chegando em filas. "Oi, txai" ("Oi, amigo", na língua kaxinawá, chamada de "hatxa kuí", "língua verdadeira") é o cumprimento que imediatamente se universaliza. Nós, os brancos, somos os "cariús". Homens de cocar, uma menina com um macaco soim (espécie de sagui) na cabeça, bebês dormindo em cima de folhas de bananeira sobre o gramado: as cenas se sucedem. Pedimos para escutar o mariri, canto típico dos kaxinawás. É uma melodia monocórdia em que as pausas importam tanto quanto as notas, emitidas de forma sincopada, para acompanhar a dança que, originalmente, celebra a safra de amendoim. Os mais velhos, homens e mulheres, logo se prontificam a demonstrá-la.

Famílias que às vezes somavam quase quarenta pessoas apareceram em busca de RG, CPF, título de eleitor, carteira de trabalho, certidão de nascimento e de casamento. Novas e mescladas filas se formaram para que as fotos fossem tiradas e, depois, para preencher os formulários com ajuda de servidores do Ministério do Trabalho, do Incra, dos Correios e do cartório de Santa Rosa do Purus. Entre eles estava um dos filhos do seringalista Chico Mendes, Sandino, representando o Ministério do Desenvolvimento Agrário. Segundo o coordenador do projeto, José Ferreira Neto, o "Loiro", um ex-sindicalista de 47 anos, foram concedidos 350 RGs e quase 1500 documentos ao todo. (Na aldeia Novo Marinho, quatro dias depois, mais 152 pessoas foram atendidas.)

Em seus 14 anos, o Projeto Cidadão já ajudou a derrubar o número de pessoas sem registro no Acre de 68% da população para 11%. Uma delas é Aristodis Kuerino Bardero Kaxinawá, de 62 anos, que veio caminhando da aldeia vizinha Nova Fronteira. Ele exibe satisfeito uma folha em que se lê CERTIDÃO DE NASCIMENTO. É o primeiro documento de sua vida. "Agora me sinto um cidadão", diz ele, claramente emocionado. Também acabou de tirar RG e título de eleitor, que, por precisarem das fotos, serão entregues mais tarde. Ele também queria pedir aposentadoria, mas o INSS exige que se vá até a cidade. Outras demandas que não podem ser atendidas são as das mulheres por auxílio-maternidade e Bolsa Família. Elas também são orientadas a ir até Santa Rosa do Purus.

No dia seguinte, 11 de março, deixamos em Nova Aliança a equipe do Projeto Cidadão, com exceção de Arquilau e dois bombeiros. Vimos ficar para trás a baleeira *Euclides da Cunha* e suas redes, cobertas e comidas. A partir dali, para ganhar tempo, viajamos em duas voadeiras, que atingem até o dobro (40 quilômetros por hora) da velocidade média das baleeiras.

O diário da expedição euclidiana não menciona nenhuma localidade com o nome Nova Aliança. Depois da boca do Chandless, o primeiro ponto registrado é o seringal Triunfo Velho; ali acamparam numa praia na noite de 2 para 3 de junho. Em seguida há uma anotação a respeito de barracas que teriam pertencido a um cearense apelidado de "Cae-n'água", o qual "desempenhou papel saliente nos últimos tumultos havidos entre brasileiros e peruanos". No entanto, o lugar estava praticamente vazio e foi definido como "seringal de pouca importância". Outra observação semelhante é feita em Novo Triunfo, seringal "pertencente ao sr. Pedro José de Sant'Anna, cognominado 'Pedro Capella', cearense, que comandou o grupo brasileiro no cerco de Santa Rosa" – provável referência a um conflito entre seringueiros e caucheiros na fronteira com o Peru.

Arnaldo da Cunha escreveu naquela altura que iam em "marcha animada" para Novo Lugar, onde havia uma comissão administrativa instalada para resolver questões burocráticas a respeito das atas que seriam assinadas entre os dois países. Mas a situação causou más impressões: "Soldados impaludados [com malária] e muitos outros beribéricos [com beribéri] apresentavam-se pálidos e trôpegos". A parada foi fundamental para renovação dos alimentos. Euclides determinou que o médico, Thomaz Catunda, ficasse para cuidar dos doentes. E escreveu carta para o pai, no dia 5, tentando mostrar bom ânimo:

> *Vimos em viagem penosíssima, de canoas, mas não tenho um só doente, um só escoriado entre a minha gente. Continuo animado, apesar do naufrágio do nosso batelão, no dia 21 de maio, que me obrigou a dividir a comissão. [...] Estamos agora em regiões povoadas por peruanos. Mas neste sentir-me fora da nossa terra tenho novo alento, maior entusiasmo e segura resolução de seguir. Conto*

com o êxito. No máximo em dois meses atingiremos as cabeceiras e estaremos de volta.

Note-se que Euclides adiou em cerca de um mês a previsão que havia dado a Rio Branco, a quem também volta a escrever ali de Novo Lugar. Esta é uma carta extensa, que reclama da desordem dos peruanos e diz que expedições como aquela só são eficazes com poucas pessoas, o que evitaria canoas tão carregadas de provisões.

No dia 7 de junho, Euclides partiu em direção a Funil, "nome derivado do aspecto do rio nesse trecho – muito semelhante ao de um funil". E ali presenciou um acontecimento que deve tê-lo deixado em alerta sobre a etapa que percorreria brevemente, a travessia para o território peruano, onde imaginava encontrar hostilidade tanto de índios como de caucheiros. Com um dia de atraso em relação aos membros peruanos da comissão mista, Euclides mal chegou ali e foi informado de que eles tinham passado "muito tempo em terra" e, sobre "restos mortais dos seus compatriotas", deixado uma "placa insultuosa aos brasileiros", junto à qual tiraram fotografias. A inscrição, de outubro de 1904, era em tinta verde sobre folha de zinco e dizia: "*Peruanos fusilados y quemados por bandoleiros brasileiros*" (sic).

Não se sabe onde está essa imagem hoje. Tampouco encontramos o cemitério com a placa. Mas o fato é que Euclides enviou ofício ao barão informando sobre o caso e dizendo concluir que ia "entre irreconciliáveis inimigos". Acusa Buenaño de ser dominado por "uma irreprimível paixão patriótica", mas diz que não vai abordar o assunto com ele, embora temesse por "complicações capazes dos piores resultados".

Chegamos a visitar um cemitério nos arredores, numa colina de uma comunidade chamada Santa Helena. Fomos levados até ali pelo primeiro ex-seringueiro que conhecemos desde São Brás: José Antônio Cunha da Costa, 59 anos. Mas vimos somente um pequeno cemitério onde, segundo ele, haveria apenas brasileiros enterrados. Seu José, que além do plantio tem uma criação de vinte cabeças de gado, é pai de doze filhos, três dos quais morando em cidades; um deles é o professor da vila, embora tenha parado na quarta série. Dos trinta anos que passou trabalhando em seringais, seu José não sente saudade: "Não quero nem sonhar. Deus me defenda!".

Nossa próxima parada, depois de rápida passagem pela aldeia Novo Marinho para comunicar que o Projeto Cidadão chegaria com um dia de atraso, foi em Sobral, tema da entrada de 11 de junho no diário da marcha de 1905. Depois de passar por trechos de navegação difícil, dado o número de galhos e troncos que desciam com a vazante do rio, e o adoecimento de dois soldados, logo "restabelecidos", a frota de lanchas e canoas de Euclides aportou ali, "último ponto habitado por brasileiros". Organizou transportes, beneficiou alimentos e mediu as coordenadas. Em seguida, Euclides enviou novo ofício ao barão do Rio Branco.

Ali em Sobral encontramos outro ex-seringueiro, Manuel Pereira de Freitas, 67 anos, filho de cearenses, que migrou há cerca de trinta anos. Até 1995 ele cortou seringa, e sobre o fim da extração ele não tem dúvidas: "Foi ruim. Isso acabou com nosso estado". Segundo ele, a agricultura dá menos dinheiro, apesar dos bois que mostra com orgulho. Aposentado do Funrural, ele tem cinco filhos, mas três foram morar em cidades. Seu Manuel diz que sempre se deu bem com os peruanos, mas não com os índios, que "roubam galinhas e caçam jacarés com tingui" (um veneno vegetal).

Com mais três horas de viagem em voadeiras, chegamos a Santa Rosa do Purus, cidade que não consta do diário da expedição. No mesmo dia conhecemos o prefeito, Zé Brasil, ex-profissional da Saúde. O vice-prefeito e três dos nove vereadores são kaxinawás. Um dos vereadores, Edmar Domingos Kaxinawá, nome indígena Yubê, de 38 anos, nos deu uma entrevista na Câmara dos Vereadores, antes da sessão. Vestia um colete dado por um "parente" (índio) peruano e uma tiara de padrão geométrico preta e branca. Ele tem oito filhos, e sua mulher recebe 120 reais do Bolsa Família. Como vereador, ele ganha 1 875 reais, mas diz que vai propor aumento porque o prefeito e o vice ganham "bem mais". Aquela sessão de 12 de março foi a primeira da Câmara no ano.

Na cidade é comum que as crianças repitam três ou quatro vezes a mesma série, e não há aula do 5º ano em diante, embora haja unidade da Universidade Federal do Acre. O prefeito diz que a cidade tem baixa criminalidade, apesar do assassinato recente de um fazendeiro e de problemas eventuais na fronteira com "mulas" (transportadores de drogas), e aponta como maior desafio a questão de saúde entre os índios do Purus. Verminoses são as doenças mais comuns; a malária foi praticamente erradicada, mas agora a dengue começa a ameaçar; e a mortalidade infantil ainda é muito alta. O maior desafio é chegar a tempo aos locais, o que pode levar mais de dois dias de descida e subida pelo rio.

Depois de dormir na pequena pousada à beira do Purus – sem água quente, mas pelo menos com lençóis limpos –, saímos para o Peru, carregando as poucas roupas secas que nos sobravam, acompanhados do prefeito Zé Brasil. Foram seis horas, a 40 quilômetros por hora, até a primeira cidade, Puerto Esperanza; durante mais de metade da viagem, tomamos muita chuva, um toró de pingos gelados que caíam num ângulo de 45 graus. Chegamos a Esperanza, uma cidadezinha de 5 mil habitantes em estado desesperançado. O pequeno porto estava tomado por peruanos serrando enormes troncos de madeira. As ruas, sem pedras nem asfalto, estavam enlameadas. O veículo que nos levou até a única e anti-higiênica pousada, um mototáxi ao estilo vietnamita, só pela perícia do piloto não ia ao chão com os três apertados passageiros. Era início da noite, mas a iluminação das ruas é restrita ao horário das 19h30 às 22h30.

O clima surreal se prolongaria. Com um ofício do cônsul brasileiro nas mãos de Arquilau, fomos encontrar o prefeito, Emilio Bardalos, originário da aldeia San Martín, para permitir nossa entrada no território peruano. Exibir os documentos foi insuficiente. Antes de ir para o hotel e dar fim à fome que já nos fraquejava, era necessário ir até a sala dele na prefeitura e realizar uma espécie de sessão solene. Com as roupas encharcadas, ouvimos seu breve discurso sobre a amizade entre os países e entre as duas cidades (Santa Rosa do Purus e Puerto Esperanza, esta mais próxima da brasileira do que de qualquer outra cidade peruana) e, em seguida, um discurso bem menos breve de seu "gerente administrativo". Em português, Arquilau explicou nosso objetivo. Depois de falar por cerca de dez minutos, os peruanos, que sorriam e assentiam enquanto escutavam, disseram não ter entendido nada. Explicamos de novo, agora em espanhol. Só então pudemos ir comer ao lado da pousada – onde nos foram servidos frango com pimenta, carne de veado, ervilha e mandioca – e depois dormir nos colchonetes puídos e empoeirados.

Na manhã seguinte, tivemos a companhia do próprio prefeito para ir até nosso ponto final, a forquilha do Purus com o rio Curanja. No caminho, naturalmente, tivemos que fazer visita de cortesia à aldeia de San Martín, também da etnia "kaxi" (como eles dizem para os kaxinawás). Foram mais duas horas de viagem na dupla de voadeiras, também sob chuva, felizmente um pouco menos intensa e extensa do que a do dia anterior. Chegamos à forquilha. O Curanja desemboca ali, em considerável largura, onde pelo menos três botos mergulhavam. O povoado à margem direita de quem sobe se chama Miguel Grau. Visitamos as casas, comemos amendoim, atravessamos a ponte sobre um córrego e um brejo que leva até o pequeno hospital público, obra que não vimos em nenhuma aldeia do lado brasileiro. Como no posto de saúde de Santa Rosa, somos informados de que o maior problema da região são as verminoses. Os prefeitos pedem uma foto. E então, depois de percorrer em uma semana o que Euclides, por causa dos barcos lentos e trabalhos demarcatórios, levou praticamente seis (de 11/5 a 28/6), pudemos voltar para a fronteira brasileira.

Capítulo 3

Luta sem fim

“Aqueles caboclos rijos [...] não são efeitos do meio; surgem a despeito do meio; triunfam num final de luta.”
À margem da história

No trajeto de Sobral até o Curanja aconteceram as piores agruras de Euclides da Cunha e sua comissão. Depois de passar por sítios desabitados sob chuvas persistentes, entre o sol abrasador e as madrugadas frias, os dias se perdiam em encalhes e atrasos, e as medições de latitude inspiravam cada vez menos confiança. Em 22 de junho, nove dias depois de deixar Sobral, já em território peruano, entre a foz do rio Shamboyaco e o povoado de Catay, eis a notícia: Euclides da Cunha está doente. “Tanto o chefe dr. Euclides da Cunha como o auxiliar Arnaldo da Cunha achavam-se enfermos. Arnaldo curou-se até o dia seguinte, ao passo que a enfermidade de Euclides prolongou-se por mais dois dias”, diz o diário, escrito pelo próprio Arnaldo, em Catay, lugar que define “com aparência de completa tristeza e muito parca importância”. Em duas barracas ali, os brasileiros são recebidos por autoridades peruanas e almoçam. No dia seguinte, a comissão de Buenaño os alcança.

De volta à subida do rio, no dia 24, os brasileiros novamente precisam esperar os peruanos, encalhados mais abaixo. Euclides viu então os primeiros índios de sua viagem, caucheiros peruanos de etnias como “pyros” e “campas”, que o diário apenas se limitou a mencionar. À noite, acampados numa praia, Euclides piorou muito. Certamente já estava com malária. Para se fortalecer, tomou o que o diário chama de “curiosa alimentação”:

caldo de macaco. Segundo nos contam os acreanos, essa alimentação ainda é utilizada em alguns locais mais de cem anos depois.

Os conflitos internos da Comissão Brasileira também começaram a aparecer, como algazarras e brigas entre soldados. Um deles se insubordinou e Euclides lhe deu voz de prisão e mandou que fosse amarrado. Como não foi obedecido, Euclides, brandindo o revólver, deu uma "terceira ordem enérgica" para que ele fosse preso e levado para Catay. Cinco soldados disseram que iriam com ele, mas quatro desistiram. Reduzida a apenas "sete trabalhadores unicamente", a Comissão Brasileira seguiu em "boa ordem e disciplina", segundo observação de Arnaldo.

Chegaram à forquilha do Curanja na tarde de 28 de junho. Durante uma semana, Euclides, Buenaño e seus auxiliares técnicos ficaram ali fazendo fotografias, plantas topográficas, comparações cronométricas e observações astronômicas, para definir as coordenadas do local. Euclides provavelmente lamentava que o território não fosse brasileiro. Segundo o diário, no almoço de 30 de junho, vendo a quantidade de bandeiras peruanas que havia no barracão, ele se manifestou "em feliz improviso, tirando inteligente partido" ao apontar para palmitos de cores verdes e amarelas que havia na sala; era uma alusão à bandeira brasileira, uma pátria "retilínea e alta como as palmeiras". Depois de feito o trabalho e superada uma discordância nos resultados, as duas comissões lavraram uma ata no dia 5 de julho.

O documento firmado no Curanja, porém, não demoveu Euclides de seguir em frente, para as cabeceiras do Purus. Ele queria terminar a demarcação hidrográfica e, embora as coordenadas originais de William Chandless tivessem poucos erros (o que significa um feito notável, quarenta anos antes, com menos estrutura e informação), esclarecer a dúvida sobre o rio Madre de Dios, que em alguns mapas aparecia ligado ao Purus. Buenaño, no entanto, resistia. O rio estava extremamente baixo, as cerrações espessas, a equipe cansada ou doente, o estoque de alimentos no fim, os mosquitos infernizando. O próprio diário brasileiro informa, com ênfase nos advérbios: "Possuíamos então dois grandes batelões, impróprios completamente para viajarem em um rio completamente esgotado".

Ainda assim, Euclides insistiu. Os peruanos providenciaram duas ubás, grandes canoas de madeira, enquanto os brasileiros seguiram em dois batelões, sempre atrás, mas sempre "gentilmente" esperados pelos peruanos.

Em 11 de julho, Arnaldo registra que "a fadiga era geral" entre os brasileiros, muitos "com os pés rachados e inchados"; outros "apresentavam as mãos chagadas". Passaram por Santa Cruz, Cocama, Independência e Maniche, comendo muitas bananas e macaxeiras, tentando matar quatis e antas e ouvindo alertas sobre a selvageria dos índios que estavam mais acima. Euclides e Buenaño discutiam o tempo inteiro. No dia 15, numa das aldeias, Cinco Reales, Euclides e Buenaño tiveram um bate-boca; o diário não explica o motivo, mas a tensão certamente era agravada pela lentidão dos brasileiros, por causa de seu barco e sua gente "dia a dia mais enfraquecida e abandonada".

No dia 18, chegaram ao ponto em que o rio Cujar, continuação do Purus, faz uma forquilha com o rio Curiuja, aonde não pudemos ir por falta de baleeiras ou pousadas. O "mais importante caucheiro peruano", Karl Sharff, dono da borracha desde Curanja até Alerta, hospedou Euclides da Cunha neste povoado. Foram mais cinco dias de observações astronômicas e meteorológicas. Num deles, o cozinheiro e um soldado brasileiros invadiram barracas de índias "com fins libidinosos" e foram repreendidos pela chefia. A curiosa anotação do dia 24, "pela noite de 23 dois homens do comandante Buenaño estavam procurando a bela índia Barbarari", fica sem explicação; não sabemos se era uma das índias que haviam sido molestadas pelos brasileiros.

Quanto mais a expedição subia, mais sofria. A partir dali o Cujar tem elevação mais íngreme, indo de 285 metros de altitude em Alerta para 474 na foz do Cavaljani, a apenas 120 metros de distância aproximadamente. Por esse motivo, começa uma série de nada menos que 73 "cachoeiritas", de no máximo 2,2 metros de altura, obrigando em alguns momentos os membros da flotilha a descer dos barcos e, das margens, puxá-los por cordas. Os atritos entre Euclides e Buenaño também sobem de tom. Em 25 de julho, o diário registra uma forte discussão. Os batelões não tinham condições de continuar. Euclides queria seguir sozinho e criticou o fato de não ter sido lavrada uma ata no Cujar. Mas, no dia seguinte, a viagem foi retomada com os mesmos passageiros e barcos.

Uma semana depois da saída da forquilha, entre muitos encalhes e discussões, a expedição finalmente chegou à foz do Cavaljani. Buenaño primeiro desafiou Euclides, "*Yo passo, le garanto usted no passe*", e depois conseguiu duas ubás para os brasileiros, uma maior e outra menor. A foz,

A imagem da chegada ao porto da cidade peruana de Esperanza depois de mais três horas ininterruptas sob chuva intensa.

porém, estava rasa, com apenas "duas polegadas d'água", ao longo de 800 metros, o que obrigou os brasileiros a puxar as ubás numa "luta titânica". Euclides e Arnaldo, que chegou a fazer medição por passos, tentavam animar os demais. Poços (os pequenos redemoinhos), cachoeiras e despenhadeiros eram apenas alguns obstáculos. Plantas espinhosas exigiam que se passasse por baixo, de joelhos. Em outros trechos, era preciso nadar, com as armas (rifles e sabres) amarradas. Chuvas fortes caíam, impedindo as medições pela estrela Vega. Sem café nem arroz, a comida foi reduzida a meia ração. No lugar não se via mais ninguém, nem mesmo índios.

Em 3 de agosto, depois de quase cinco semanas desde a ata do Curanja, finalmente o rio Pucani foi encontrado; para chateação de Buenaño, Euclides chegou primeiro com seus "sete gatos pingados". Esse ribeirão de 2 metros de largura foi o único trecho que William Chandless não havia percorrido, porque, ao saber de índios com malária naquela direção, ele seguiu para o norte. Embora Chandless estivesse certo em sua definição da foz do Cavaljani como a cabeceira do Purus, Euclides fez questão de observar o que ele não tinha observado. Caminhando ao longo dos 20 quilômetros do Pucani em três horas, Euclides e seus homens foram até o varadouro que marca o fim do ribeirão. Era uma subida de apenas cinco minutos. Ali, no alto do vale, estava, enfim, a confirmação visual do *divortium aquarum*, a separação das águas dos três rios: Purus, Ucayali e Madre de Dios. Entre Purus e Ucayali havia um istmo, Sepahua; e entre Ucayali e Madre de Dios, o de Fitzcarral. Por alguns metros, como Chandless suspeitara, os rios não se confundiam. Na cabeça de Euclides, isso significava também que poderiam ser ligados por varadouros artificiais, criando uma hidrovia que se ligaria pelo Purus à ferrovia Transacreana, fazendo desta uma artéria internacional.

Anoitecia. À porta do varadouro, Euclides fez uma declaração e, cansadíssimo, apoiou-se no braço do auxiliar e começou sua caminhada de volta. Aquele ponto – "a mais meridional de todas as nascentes do Purus" – seria seu destino mais distante.

Em *À margem da história*, daria um retrato mais lírico da cena, exagerando seu campo visual:

Os nossos olhos deslumbrados abrangiam, de um lance, três dos maiores vales da terra; e naquela dilatação maravilhosa dos hori-

zontes, banhados no fulgor de uma tarde incomparável, o que eu principalmente distingui, irrompendo de três quadrantes dilatados e trancando-os inteiramente – ao sul, ao norte e a leste – foi a imagem arrebatadora da nossa Pátria que nunca imaginei tão grande.

Sua missão oficial estava heroicamente cumprida. Porém, sendo Euclides, ele quis mais. Na descida, duas semanas mais tarde, um batelão brasileiro chegou a Maniche com mais alimentos e outra ubá. Euclides disse a Buenaño que ainda queria subir o Curiuja, mas o peruano se recusou. A proprietária da ubá, peruana provavelmente orientada por ele, cancelou o aluguel e, somando isso à falta de alimentos, os brasileiros foram obrigados a desistir do Curiuja. Em seu relatório final, Euclides negou importância ao trecho, por não se tratar propriamente da cabeceira do Purus e por ter sido devidamente medido por Chandless. "Este contratempo não teve importância apreciável no remate de nossos trabalhos", escreveu Euclides, "volvendo definitivamente a Comissão Mista para Manaus, aonde chegou nos últimos dias de outubro."

Um telegrama ao barão dá a data exata, 19 de outubro: "Comunico chegada a esta cidade/ Cumprida comissão todos seus pontos essenciais". No dia 15 de dezembro, assina com Buenaño, em Manaus, o relatório oficial. Em março do ano seguinte, já há mais de dois meses no Rio, ele o complementaria com outros sobre a história, o povoamento e a navegabilidade do Purus. Mas foi ainda em novembro de 1905, dia 8, que deu o resumo mais eloquente do que foram os mais de seis meses de viagem; de novo, ao amigo Verissimo:

Afasto por um momento a papelada que me esmaga, para escrever-lhe esta, num cantinho da minha mesa de trabalho. Mas ainda desta vez nada lhe poderei contar senão que estou bom, embora pressinta que os longos dias de ansiedade, de misérias e triunfos passados nas cabeceiras do Purus me prejudicaram a vida. Misérias e triunfos... somente à viva voz lhe poderei contar como fundi aquelas coisas antinômicas, numa batalha obscura e trágica com o deserto.

Claramente, portanto, a incursão amazônica não tinha sido para Euclides apenas uma dura mas bem-sucedida expedição cartográfica e diplo-

“MISÉRIAS E TRIUNFOS... SOMENTE À VIVA VOZ LHE PODEREI CONTAR COMO FUNDI AQUELAS

COISAS ANTINÔMICAS, NUMA BATALHA OBSCURA E TRÁGICA COM O DESERTO."

Euclides da Cunha

mática, da qual poderia facilmente se orgulhar como o primeiro brasileiro a refazer a viagem de Chandless pelo Purus. A expedição também lhe prejudicara a vida com doses trágicas. Perturbado com as frustrações e os desafios impostos pela floresta, Euclides queria se preparar para escrever, com sua "rude pena de caboclo ladino", o livro sobre o deserto pluvial, sobre a antinomia chamada Amazônia. A seu grande amigo Escobar, em 13 de junho de 1906, entre os mapas que traçava no Itamaraty junto ao gabinete do barão do Rio Branco, ele diz estar alinhando as primeiras páginas de *Um paraíso perdido*, "o meu segundo livro vingador", e cada vez mais decepcionado com seu país.

Mas, febril por causa da malária e reprimido pelo pai em seu sonho de partir em viagem mais uma vez (para a ferrovia Madeira-Mamoré ou então para a Venezuela, rumo preferido), Euclides se limitaria a escrever apenas artigos sobre assunto tão esmagador.

No Rio, vive também a situação aflitiva com a esposa, que, ao voltar da Amazônia, encontrou grávida do amante, Dilermando de Assis. Decide adotar o filho, que nasce prematuro, e pensa em se mudar com *Saninha* para outra cidade. Em setembro, a pedido de um editor português, reúne os textos que compõem *Contrastes e confrontos*, publicado no ano seguinte. Cogita até ser deputado federal em São Paulo. Em dezembro, toma posse na Academia Brasileira de Letras, com discurso sobre a Amazônia. Mas não fala mais, nas cartas, sobre *Um paraíso perdido*.

O mesmo aconteceria em 1907, ainda no Itamaraty e cada vez mais doente. Além da malária, é atormentado pelas nevroses, e sua velha hemoptise se converte em tuberculose, provavelmente por força da umidade amazônica. Escreve o prefácio do livro *Inferno verde*, de Alberto Rangel, em quem reconhece a influência de seus escritos e a quem sugere que faça na contracapa outro livro, esse positivo sobre o futuro da Amazônia. Em maio, o pai sofre um derrame cerebral. Em junho, Saninha está grávida de novo – e de novo de Dilermando. Mesmo assim, tentando manter as aparências, ele consegue trabalhar também nos artigos que serão reunidos sob o título *Peru vs. Bolívia*, uma "quixotada" que, ironicamente, diz ser em favor da Bolívia por esta ser mulher; e na conferência sobre Castro Alves, para dezembro, aos estudantes de Direito de São Paulo. Segundo o cronista João do Rio, Euclides era o último "funcionário público romântico" do país.

Ao longo de 1908, segue na mesma toada, sofrendo as doenças, invejando os que moram em outro país, como Oliveira Lima, e criticando a agitação moderna do Rio. Em 28 de julho, escreve a Osório Duque Estrada, futuro autor da letra do Hino Nacional, que seu ideal de unir o espírito e a matéria, a inteligência do sul e a fantasia do norte, a praticidade e o romantismo exige um estado mental que não possui àquela altura. Está falando de um convite para uma viagem ao longo do litoral brasileiro, mas poderia estar falando do livro *Um paraíso perdido*, título que desaparece de suas cartas.

No final do ano, ele se inscreve como candidato a professor de Lógica no Ginásio Nacional, "numa grande ânsia de dar uma estabilidade à vida, por mim mesmo, sem precisar incomodar os amigos poderosos" (leia-se Rio Branco). E assim, estudando Kant, Spinoza, Stuart Mill e outros mais, ele passa os primeiros meses de 1909 com hemoptises cada vez mais graves. No concurso, tira o segundo lugar e é nomeado professor. Depois de três semanas de aulas, tem seu último encontro com o trágico, com o deserto do qual ninguém volta: vai à casa de Dilermando, na Piedade, troca tiros e é morto por ele, caindo no quintal, na manhã de 15 de agosto.

* * *

Um paraíso perdido se perdera para sempre, apenas esboçado nos textos que organizava sob o título *À margem da história*. Talvez Euclides não tenha conseguido fazê-lo, além das intempéries físicas e morais, porque o material era muito diferente do que dera origem ao seu primeiro livro vingador, a obra-prima *Os sertões*.

O paralelo entre o que Euclides da Cunha viu em Canudos e o que viu no Alto Purus é claro. Como em *Os sertões*, em que atribuiu a integridade étnica dos jagunços do semiárido à insularidade da topografia que outros não haviam observado, Euclides julgou encontrar na geologia do Alto Purus um ponto que tampouco havia sido observado e que, para ele, faria grande diferença no entendimento da Amazônia. Se os viajantes que lia não tinham navegado senão pela bacia do maior rio, sua peregrinação ao Alto Purus teria permitido ver um estágio mais avançado da região. O rio, ali, seria mais maduro que o Amazonas, antes de mais nada por se situar mais próximo à sublevação dos Andes. E, como em *Os sertões*, uma etnia parecia talhada para se adaptar a esse meio hostil: os caboclos rijos do Nordeste, com seus requisitos de "robustez, energia e abstinência".

Euclides foi como correspondente e adido militar testemunhar a guerra de Canudos, com a disposição de entender por que a República curvava a cabeça diante de uma "horda de fanáticos maltrapilhos". No fim das poucas semanas que passou no teatro da guerra, viu o suficiente para perceber que quem se mostrou despreparado e covarde foi o Exército: não entendeu o terreno onde estava e a natureza do conflito e desdenhou a capacidade de resistência e surpresa dos jagunços, que numa tática de guerrilha deram enorme trabalho aos militares que chegavam com formações clássicas, em bloco, lentas e pesadas. As visões de homens, mulheres e crianças mortos, muitos degolados ou fuzilados depois de rendidos, acompanhariam Euclides para sempre. Voltou de lá comovido e disposto a "advogar pelos sertanejos".

Em dois anos e meio já tinha concluído o livro, também sob o efeito da frustração com os primeiros anos da República, enquanto reconstruía uma ponte em São José do Rio Pardo (SP). Publicado apenas em dezembro de 1902, *Os sertões* tornou nacionalmente conhecido esse misto de engenheiro e jornalista que, na expressão do escritor e acadêmico Coelho Neto, "deitou-se obscuro e acordou famoso". Mas, apesar do sucesso, as interpretações se dividiram em diversas correntes. Euclides, afinal, estava criticando o Exército, mas seu ponto de vista é em todos os momentos o de um herdeiro de social-darwinistas como Herbert Spencer e Ludwig Gumplowicz, para quem a força motriz da história não era a luta de classes, mas a de raças.

Na luta de raças brasileira, Euclides via nos sertanejos um atraso evolutivo, tanto é que os chama de "retardatários", "bugres" e "primitivos", entre outras denominações. Jamais deixou de considerá-los assim. Ao mesmo tempo, porém – e este é o ponto principal –, enxergou nesse atraso a possibilidade de um resgate de qualidades que a civilização moderna vinha perdendo, sobretudo duas que lhe pareciam intrinsecamente relacionadas: o estoicismo moral e a bravura física. Essa fibra sertaneja se contrapunha não apenas à moleza dos mestiços litorâneos (com o concurso dos negros em especial), mas também aos descaminhos do Velho Mundo e às frivolidades da rua do Ouvidor. Mais uma vez, recorreu às imagens geológicas para explicar esse resgate: os sertanejos, "cerne da nacionalidade", eram uma rocha viva, uma camada que na movimentação tectônica pode se movimentar de um estágio atrasado para um avançado.

Euclides, assim, não era um determinista clássico. Acreditava, sim, numa linha evolutiva da humanidade, no topo da qual estava a República comandada por homens treinados e idealistas como ele, a "aristocracia do mérito" – segundo a versão das ideias positivistas defendida por seu ex-professor da Escola Militar da Praia Vermelha, Benjamin Constant. Mas o patriotismo de corte missionário embutido nesse conceito trazia complicações também, sob a luz da teoria das raças. Como defender a evolução do Brasil se sua formação racial apontava para a "degenerescência", segundo o termo da época? Em Canudos, Euclides viu uma aparente solução, criando um determinismo heterodoxo. Era preciso não apenas incorporar os excluídos ao progresso mas também aprender com eles a lição da força, da abnegação. Na Amazônia, ele refina um pouco mais essa ideia, tanto é que diz em *À margem da história*: "Aqueles caboclos rijos [...] não são efeitos do meio; surgem a despeito do meio; triunfam num final de luta". No entanto, nunca desenvolveu esse raciocínio coerentemente. Até onde a geografia molda o homem?

As instabilidades já faziam parte de sua personalidade desde cedo. Órfão de mãe aos 3 anos, passou a infância mudando de cidade e, mesmo quando fixado no Rio, de escolas. Na juventude, fazia poemas românticos, era tido como "imaginoso" e temperamental pelos colegas e cunhava frases como "o progresso envelhece a natureza". Durante a Escola Militar, num momento escreve que precisa aprender a "dominar-se". De fato, num dia de 1888, ansioso pela República, tentou quebrar um sabre em protesto contra a visita do ministro da Guerra de Dom Pedro II; como não conseguiu, jogou-o aos pés dele, sendo por isso afastado da escola (só voltaria em 1889, depois da proclamação da República). Mais tarde, deixou a farda "pesada" do Exército e foi tentar a estabilidade como engenheiro civil. Mas repetidamente se referia aos "vastos sertões" (espaços vazios seja do interior paulista, seja do chamado "Brasil profundo") e à "convivência simples e feliz dos bugres", pois incapaz da vida sedentária. "Tenho alguma coisa de árabe", dizia, entre "desânimos profundos e esperanças imensas". Data desse período no interior de São Paulo, porém, o "ideal de bandeirante", a admiração pela "epopeia" desbravadora de um Raposo Tavares (1598-1658).

Crianças da aldeia Santo Amaro da etnia kulina brincam felizes; índios foram muito mais vistos na atual expedição

Essa contradição extremada entre ficar e partir, entre sonhar e empreender aflora com força em Canudos. Embora preso à sua "linha reta inflexível", Euclides se contorce intelectualmente para compreender o que lhe parece novo e complexo. Projeta na "integridade étnica" dos jagunços circunscritos à caatinga aquele seu velho ideal de combinar a moral e a técnica, a arte e a ciência, sob os parâmetros desta. Apaixonado pela natureza "pródiga", até "perdulária" do Brasil, concentra-se num esforço físico e mental amplo, ambicioso, de captar o drama nacional e propor os modos de superá-lo em direção a uma harmonia perfeita. Sintomaticamente, é na narrativa de *A luta* que obtém sua maior realização, graças aos múltiplos poderes de descrição, que lhe conferem a condição de primeiro grande jornalista literário brasileiro. E foi justamente uma narrativa o que lhe faltou na Amazônia, o que no fundo impediu que fizesse de *Um paraíso perdido* a versão madura de *Os sertões*.

Bem que ele imaginava que, na Amazônia, fosse testemunhar outro conflito, no caso, entre caucheiros e seringueiros. E depositava toda sua confiança nos brasileiros, que afinal eram, na maioria, os parentes cearenses dos mesmos bravos sertanejos que viu resistirem epicamente na Bahia. Os caucheiros eram sujos e desordeiros; da mesma forma, o caucho era mais fácil de explorar que a seringa, mas esta produzia mais látex e de melhor qualidade. Os caboclos estavam prontos para acabar com a tradição amazônica de nomadismo, superando o esquema "imprevidente" da colonização do Acre. Se fossem remunerados com decência, recebendo o mesmo apoio do governo que os imigrantes italianos recebiam nas fazendas de café paulistas, e se tivessem o direito à propriedade das terras, como os americanos faziam no faroeste, a região se converteria numa das mais prósperas do mundo, além de contrapor o Brasil aos vizinhos do Pacífico.

Para isso também, claro, era necessário fazer uma série de "melhoramentos do majestoso rio", como a abertura de mais varadouros, a construção de ferrovias, as obras para conter as margens. A "navegabilidade admirável" do Purus, principalmente nos meses de cheia, só se consolidaria mediante a ação humana, nunca excluída da visão determinista de Euclides. Ele podia achar que o homem é produto do meio, mas isso não significava que não pudesse reagir e até conduzir, adaptando-se com a ajuda de virtudes como moralidade e conhecimento.

Para ouvidos do século XXI, a noção de "progresso" que aparece em Euclides soa mal. Vem retorcida num discurso racial – não importa se favorável a esta ou àquela raça ou a uma superioridade da mistura – e prega uma espécie de "desenvolvimentismo" que lida com obras faraônicas e desrespeita a sustentabilidade ambiental. Quando lemos suas propostas para o Acre, vemos que esse futuro como grande seringal exportador não seria ideal e, mais importante, vemos que não vingou. Mas não há nada de errado em lembrar que julgamentos anacrônicos devem ser postos à parte e que em Euclides é possível ver uma defesa até então inédita tanto do conhecimento científico da Amazônia como do respeito à cidadania de seus habitantes.

O Purus, que ele dizia ser um rio "enjeitado", continua à espera dessas ações, como se também ansiasse por modernos pioneiros, de preferência menos tristes e igualmente afanosos.

Anexos*

(*) "Os textos inseridos nesta seção foram atualizados segundo o Acordo Ortográfico da Língua Portuguesa, assinado em 1990 e vigente no país desde 1º de janeiro de 2009."

TEXTOS DE EUCLIDES DA CUNHA PUBLICADOS EM *O ESTADO DE S. PAULO*

Conflito inevitável[1]

As incursões peruanas não denunciam apenas a avidez de alguns aventureiros doidamente ferretoados da ambição que os arrebata às paragens riquíssimas dos seringais. São mais sérias; são quase um expressivo movimento histórico, desencadeado com uma finalidade irresistível. Não as determinam apenas as energias sociais instáveis e dispersivas da república sul-americana mais malignada pela caudilhagem, senão as mesmas leis físicas invioláveis de toda aquela zona.

Realmente, quem quer que contemple através da visão prodigiosa de Humboldt ou da clara inteligência de C. Wiener, todo o trato de terras que vai de Arica a Trujillo, constrito entre o Pacífico e os Andes, compreende que os destinos do Peru oscilam entre dois extremos invariáveis: ou a extinção completa da nacionalidade suplantada por uma numerosa população adventícia, que assume todas as modalidades do alemão industrioso ao *cooli* quase escravo – ou um desdobramento heroico para o futuro, numa estrada atrevida na Amazônia, uma rush salvadora às cabeceiras do Purus, visando do mesmo passo uma saída para o Atlântico e um cenário mais e mais fecundo às atividades. Não há escapar às aperturas do dilema.

1 Publicado em *O Estado de S. Paulo* em 14/5/1904.

A posição prejudicial dos Andes cria ao Peru, como à Bolívia, regimes que se combatem: um litoral estéril que mal se alarga em dunas ondeantes, separado, por uma cordilheira, da porção mais vasta e mais exuberante do país. Na estreita faixa da costa, onde se adensou o povoamento e se erigiu a capital, e pulsa toda a existência política da república, estira-se um esboço de deserto; na montanha alpestre do levante o mais longe nas planícies amplas, cobertas de florestas estupendas, por onde derivam, remansados, os últimos galhos dos tributários do Amazonas – pervagam, errantes, as tribos dos quíchuas inúteis.

Deste modo a natureza criadora e forte do Oriente se desentranha em riquezas incalculáveis diante das vistas incuriosas do selvagem – enquanto no Ocidente as praias e vales areentos mal revestidos de uma flora tolhida onde rebrolham os cristais nitrosos e se derrama em largas superfícies a lava endurecida, vão a pouco e pouco molificando o temperamento dos descendentes diretos dos "conquistadores".

Realmente, ali, naquela tira litorânea e primeiros recostos andinos que formam afinal toda a geografia política do Peru, a sociedade não se irmana à terra, desatando-lhe as energias recônditas e nobilitando-a pelas culturas. Faz uma aliança com os terremotos: devasta-a.

Enquanto estes lhe devoram as cidades, e lhe desviam os rios e a retalham de fendas em que se enredam, baralhadas, as curvas sísmicas dos cataclismos – ela despedaça os flancos das montanhas em procura de ouro e de prata; perfura, escava e esquadrinha as dunas onduladas onde repousa há séculos nas *huacas* subterrâneas, a sociedade espectral dos Incas mumificados com as suas incalculáveis riquezas; perquire e tala os descampados na faina estonteadora da exploração dos nitratos de sódio; e desbasta as costas e as ilhas na pesquisa do guano, que exporta para o estrangeiro sem notar que a natureza previdente lhe oferece ao lado da esterilidade do solo os adubos preexcelentes que a destroem.

Mas ainda nesta atividade febril e parasitária, encadeada à ventura, o peruano não está só. Em qualquer rua de Lima, já o notou um observador, se ostenta a mais numerosa galeria etnográfica da terra: do caucásio puro, ao africano retinto, ao amarelo desfibrado e ao quíchua decaído; e entre estes quatro termos principais, as incontáveis variedades de uma mestiçagem dissímil – do mulato de todos os sangues, nos zambos e cafuzos, aos *cholos* que lembram os nossos caboclos, e nos interessantíssimos *chino-cholos* em cujos rostos se fundem as linhas capitais de quase todas as raças. Assim no desordenado das atividades se prende o conflito inevitável dos temperamentos. A vida decorre sem continuidade, sem a disciplina resultante de uma harmonia de esforços que extinga o dispersivo indispensável dos ofícios; e a sociedade incaracterística, sem tradições definidas – porque a invade e a perturba, intermitentemente, a grande massa de estrangeiros que a explora e abandona –, parece refletir na ordem política o desequilíbrio das forças naturais que lhe convulsionam o território, oscilando, dolorosamente, sacudida pelos terremotos e pelos "pronunciamentos". Ninguém lhe obrigou ainda um aspecto estável, um caráter predominante, um traço nacional incisivo. Perenemente em começo, nesse agremiar os tipos adventícios de todos os quadrantes, vai absorvendo-lhes e refletindo-lhes por qual os atributos superiores e os estigmas. Quem lhe deletreia os fatos segue através de uma vertigem e sofre o constante saltear das emoções mais opostas emergentes num baralhamento de sucessos que se entrechocam díspares. Depois de sentir o mesmo espanto de Darwin ao ver em 1832, na catedral de Lima, desdobrar-se sobre a tropa genuflexa a lúgubre bandeira negra de uma revolta inesperada, completando um *Te Deum* – sente a frívola alegria de Offenbach ao divisar a mantilha rendada de *Perichole* que tanto justificou a ironia popular (*perra e chola!*) pela vida desmandada na corte pretensiosa do antigo Peru dos vice-reis.

Passa do trágico ao repulsivo, do assombroso ao grácil.

Ora, este jogar de contrastes oriundos em grande parte do viver aleatório de uma sociedade que parece estar apenas abarracada no território alongado que perlonga o Pacífico não escapou nos estadistas peruanos. Nascem daquela localização prejudicial sobre um chão maninho encerrando riquezas ocasionais que dia a dia decrescem, que se não reproduzem e dão ao trabalho improdutivo de as descobrir um triste aspecto de pilhagem – confundindo na mesma azáfama tumultuaria a aglomeração irrequieta em que há todas as raças e não há um povo...

A salvação está no vingar e transpor a cordilheira. Ali ao menos há a sugestão dominadora da civilização surpreendente dos Incas: a estrada de duas mil milhas distendida de Quito às extremas do Chile, lustrada pelas neves eternas, contorneando encostas abruptas em releixos de rocha viva, alcandorada em pontes pênseis sobre abismos, e estirando nas planuras as calçadas eternas, de silhares unidos com cimento betuminoso; e os velhíssimos baluartes pré-incásicos feitos de montanhas inteiras arremessando-se nas alturas em sucessivos patamares ameiados; e à ruinaria dos santuários do Sol com os seus aparelhos ciclópicos de blocos poligonais de pórfiro brunido; e os longos aquedutos do monte Siva, em cujos canais subterrâneos, perfurando as serras, se espelham esforços de uma engenharia titânica...

Depois descidas as vertentes orientais da primeira cadeia dos Andes, transposta a "montanha" e a segunda cordilheira – a terra exuberante e desmedida prefigurando nas grandes matas a mesma Hiloe amazonense.

Nesta região, tão outra, está – pela implantação do trabalhador e pelo equilíbrio da existência agrícola – a redenção daquelas gentes que possuem os melhores fatores para um elevado tirocínio histórico.

Mas, ao mesmo passo que lhes despontam estas esperanças, extingue-lhes a mesma cordilheira com o seu largo tumultuar de píncaros e de pendores impraticáveis num talude vivo de muralha, que lhes trancam quase por completo as comunicações com o litoral. De fato, o Pacífico, ainda que se rasgue o canal de Nicarágua, parece que pouco influirá no progresso do Peru. O seu verdadeiro mar é o Atlântico; a sua saída obrigatória, o Purus. Sabem-no há muito os seus melhores estadistas: a expansão para o levante traduz-se-lhes como um dever elementar de luta pela vida. Revelam-no todos os insucessos de numerosas tentativas buscando libertá-lo das anomalias físicas que o deprimem. Revelou-as desde 1870 C. Wiener: "Os peruanos aquilatam bem a importância enorme que teriam as estradas ligando os afluentes navegáveis do Amazonas e do Ucayali às cidades do litoral; fizeram todos os esforços para executá-las porque lhes impõem a lógica e o interesse; mas parece que a sua força de vontade é menor que a constituição física dos autóctones".

De feito, contemplando-se diante de um mapa a faixa costeira entre Pachacamas e Tumbez, nota-se um como diagrama daquelas tentativas desesperadas e perdidas.

Foi a princípio, no extremo norte, a linha férrea de Paita e Piura, procurando os tributários setentrionais do Solimões; depois, próxima e ao sul, uma outra, de Lambaiaque a Ferenafe; ambas estacionaram, trilhos imensos nos areais da costa. A terceira, lançada de Pascamayo à estação *terminus* de Cajamarca, e a quarta partindo de Salavery, pouco ao sul de Trujillo – buscavam as linhas de derivação do Ucayali; combateram ambas de encontro às fílades espessas e aos doleritos e quartzos duríssimos das cordilheiras.

A quinta, a admirável estrada de Oroya, dominou parte da serrania, mas ficou bem longe do seu objetivo essencial no transmontar as últimas cordas de serras, varar pelas planícies do Sacramento e alcançar o Purus.

Esta é expressiva: mostra como o traçado do grande tributário do Amazonas, em cujas margens contendem agora os flibusteiros, norteia de há muito a administração daquela república.

Por outro lado, desde 1859, com Faustino Maldonado e dez anos depois com o coronel Latorre, que sucessivas expedições se lançam para o Oriente impelidas por alguns abnegados, caídos todos naqueles lugares remotos numa extraordinária intuição dos interesses reais do seu país.

Estes antecedentes delatam nas perturbações que lavram em toda aquela zona um significado bem diverso do que lhes podem dar algumas correrias de seringueiros.

A guerra iminente tem uma feição gravíssima.

Se contra o Paraguai, num teatro de operações mais próximo e acessível, aliados às repúblicas platinas, levamos cinco anos para destruir os caprichos de um homem – certo não se podem individuar e prever os sacrifícios que nos imporá a luta com a expansão vigorosa de um povo.

Contra os caucheiros[1]

A remessa de sucessivos batalhões para o Alto Purus – movimento de armas recordando um começo de guerra declarada – parece uma medida elementar de previdência.

É um erro. Não implica apenas o desfalecido das nossas finanças nem se limita a projetar, de golpe, um brilho perturbador de baionetas no meio de um debate diplomático; vai além; prejudica de antemão a campanha provável e torna desde já precária a defesa das circunscrições administrativas criadas pelo Tratado de Petrópolis.

Estas afirmativas parecem paradoxos, e vão muito ao arrepio da corrente geral da opinião revoltadíssima contra esse Peru – tão fraco diante da nossa própria fraqueza. Mas são demonstráveis. Está passado o tempo em que a honra e a segurança das nacionalidades se entregavam, exclusivamente, ao vigor das tropas arregimentadas.

A última guerra do Transvaal, à parte os efeitos materiais, teve consequências surpreendentes. Estão ainda vivíssimos em todas as memórias os admiráveis episódios daquela esgrima magistral dos bôeres contra as armas pesadas da Inglaterra; e, entre eles, um que, pelo aparecer constante e invariável nos dois campos adversos, se reveste quase do caráter de uma lei, se é que as tem, a maneira heroica da brutalidade humana. Indiquemo-lo: em Paardeberg, quando as tropas regulares inglesas recuaram rudemente repelidas dos entrincheiramentos de Cronje, ampararam-nas os voluntários canadenses num assalto brilhante que ultimou no assédio; Kimberley defendida pelos cidadãos armados reagiu com mais eficácia e diante de mais numerosos sitiantes do que Ladamith guarnecida pela tropa de linha; em Magersfontain, o pânico dos soldados teve o corretivo instantâneo de uma ducha, na fria impassibilidade dos *highlanders* escoceses... São fatos expressivos. Não escaparam à visão dos modernos profissionais da guerra. O coronel Henderson, que os testemunhou de perto, no estado-maior de lord Roberts, explica-os pelos terríveis efeitos desmoralizadores do armamento moderno e pelos embaraços criados pela pólvora sem fumaça.

O espírito de classe e a alta responsabilidade que lhe advém do cargo que ocupou junto do comandante em chefe não lhe tolheram o dizer nua-

1 Publicado em *O Estado de S. Paulo* em 22/5/1904.

mente que toda a luta sul-africana fora a glorificação dos lutadores improvisados, e a *triumph for the principle of voluntary service.*

De Bloch foi ainda mais incisivo: a preeminência do civil resulta-lhe, iniludível, das mesmas condições do campo das batalhas modernas, onde a virulência e rapidez do tiro impõem uma dispersão de todo oposta nos dispositivos das paradas e das manobras. Em tais circunstâncias os oficiais não podem dirigir efetivamente os soldados, e estes, sem o hábito das deliberações próprias, estonteiam, desunidos e inúteis, porque quanto maior é a sua disciplina e o *training* da fileira tanto menor é a aptidão individual de agir.

O argumento é impressionadoramente claro: o civil apanhado a laço, o voluntário de pau e cordas, o caipira a quem a farda aterroriza – mas cuja capacidade de ação se desenvolveu autônoma nas caçadas, na faina da lavoura, nos múltiplos ofícios, nas viagens e nas várias peripécias de uma existência modesta e livre – surge de improviso desarticulando todas as peças da sinistra entrosagem em que a arte militar tem triturado os povos.

E para que isto sucedesse bastou que esta última se desenvolvesse ao ponto de deslocar todas as velharias da tática, firmando a única garantia dos combates nas faculdades de iniciativa.

A conclusão é tão arrojada, e deforma tanto os moldes do conceito vulgar, que precisamos afastá-la da nossa responsabilidade de latinos sentimentais e exagerados. Deixemo-la ali blindada na rigidez britânica: "*It is this quality which makes the superiority of the boears over the British. And it is this also which accounts for the superiority of the British civilian over the British regular*". (De Bloch - *The wars of the future*).

Assim se esclarecem notáveis anomalias: a glória napoleônica e que colaborou talvez o precipitado de recrutas colhidos em todos os pontos e que iam aperrar pela primeira vez as espingardas na frente do inimigo; as batalhas estupendas da guerra de Secessão; o esporte ruidoso e álacre dos americanos em Cuba; e, neste momento, os desfalecimentos da formidável disciplina russa diante da vibratibilidade japonesa...

Inesperado desfecho: a guerra cresceu para diminuir na guerrilha; e depois de devorar os povos, devora os próprios filhos, extinguindo o soldado. Não é Marte, é Saturno.

Reagiu à reprimenda dos filósofos e ao sentimentalismo dos poetas; envolveu ilogicamente apropriando-se dos recursos da ciência, que a repele, e dos da indústria, que é a sua antítese; por fim só armou com uns dez milhões de baionetas e transformou-as na arma única que a transpassa. Acaba com os velhos facínoras salteados pela fadiga moral dos próprios crimes. Suicida-se.

Ora, um fato que ressalta tão vivo no esmoitado e no desimpedido dos campos mais próprios nos embates e aos seus alinhamentos prescritos, naturalmente se ampliará no embaralhado e no revolto do Alto Purus e do Alto Juruá, onde até materialmente são impossíveis aqueles dispositivos.

Ali não nos aguardam tropas alinhadas. Esperam-nos os caucheiros solertes e escapantes, mal reunidos nos batelões de voga, dispersos nas ubás ligeiras, ou derivando velozmente, isolados, à feição das correntes, nos mesmos paus boiantes que os rios acarretam; e repontando a subitão na orla florida dos igapós, e desaparecendo, impalpáveis, no afogado dos paranás-mirins, onde se entrançam as ramagens das árvores que os escondem; ou girando pelas infinitas curvas e pelos incontáveis furos que formam a interessantíssima anastomose hidrográfica dos tributários meridionais do Amazonas.

A imagem material de uma campanha, ali, será o labirinto inextricável dos igarapés. Aos nossos estrategistas não impedirá a tarefa relativamente fácil de bater o inimigo – mas a empresa talvez insuperável de lobrigar o inimigo. Iludem-se os que imaginam que só o aparecimento de alguns corpos de tropas regulares no desmarcado trato de terras que demoram entre o Juruá e o Acre baste a policiá-las e a garantir os povoadores e a impedir a violação de uma fronteira indeterminada. Os batalhões maciços, presos a uns tantos preceitos e ao retilíneo das formaturas, serão tanto mais inúteis quanto mais disciplinados e efeitos à solidariedade de movimentos. O melhor de sua organização militar impecável culminará no péssimo da mais completa inaptidão a se ajustarem no teatro das operações, e a enfrentarem o torvelinho dos reencontros súbitos ou a se subtraírem aos perigos das tocaias.

Não exemplifiquemos recordando lastimáveis sucessos da nossa história recente.

Sobre tudo isto, uma consideração capital. Aqueles longínquos lugares do Purus – mais conhecidos hoje, depois da exploração de Chandless, do que muitos pontos do nosso *far-west* paulista – exigem uma aclimação dificílima e penosa. Apesar de um rápido povoamento, de cem mil almas em pouco mais de trinta anos, têm ainda o caráter nefasto das paragens virgens onde a copiosa exuberância da vida vegetal parece favorecida por um ambiente impróprio à existência humana. O seu quadro nosológico assombra, pela vasta série de doenças, que vão das maleitas permanentes à hipoemia intertropical entorpecedora e àquela originalíssima "purupuru" que não mata mas desfigura, embaciando a pele do selvagem e dando-lhe uma fácies de cadáver, pondo no rosto do negro, salpintado de manchas brancas, uma espantada máscara demoníaca, e imprimindo no do branco a brancura repulsiva do albinismo...

Vê-se bem quantos agentes, díspares nos aspectos mas convergentes nos efeitos, das conclusões mais recentes da técnica guerreira às mínimas exigências climáticas, concorrerão no invalidar a ocupação estritamente militar daquela zona.

Além disso, as forças para repelir a invasão já ali se acham, destras e aclimadas, nas tropas irregulares do Acre, constituídas pelos destemerosos sertanejos dos Estados do norte, que há vinte anos estão transfigurando a Amazônia. Eles formam o verdadeiro exército moderno como o preconizam, como o desejam, como o proclamam altamente, dentro dos círculos militares da Europa, os luminares da guerra precitados – não já para o caso especial das guerrilhas, mas para todas as formas das campanhas, quer estas se desenrolem nos campos clássicos da Bélgica, quer na topografia revessa do Transvaal . E confiados naqueles minúsculos titãs de envergadura do aço enrijada na têmpera das soalheiras calcinantes, a um tempo bravos e jovines, afeitos às deliberações rápidas e decisivas de uma tática estonteadora, que improvisam nos combates com a mesma espontaneidade com que lhes saltam das bocas as rimas ressoantes nos folguedos – poderemos permanecer tranquilos.

Para o caucheiro – e diante desta figura nova imaginamos um caso de hibridismo moral: a bravura aparatosa do espanhol difundida na ferocidade mórbida do quíchua – para o caucheiro um domador único, que o suplantará, o jagunço.

Entre o Madeira e o Javari[1]

Não há em todo o Brasil região alguma que tenha tido o vertiginoso progresso daquele remotíssimo trecho da Amazônia, onde não vingou entrar o devotamento dos carmelitas nem a absorvente atividade, meio evangelizadora, meio comercial, dos jesuítas. Há pouco mais de trinta anos era o deserto. O que dele se conhecia bem pouco adiantava às linhas desanimadoras do padre João Daniel (1722-1766) no seu imaginoso *Tesouro descoberto*:[2] "Entre o Madeira e o Javari, em distância de mais de 200 léguas, não há povoação alguma nem de brancos nem de tapuias mansos ou missões". O dizer é do século XVIII e podia repetir-se em 1866 na frase de Tavares Bastos: "O Amazonas é uma esperança; deixando as vizinhanças do Pará penetra-se no deserto".

Entretanto, nada explicava o olvido daquele território.

Compreende-se que os próprios norte-americanos tenham reprimido até 1868 a vaga povoadora impetuosíssima que assoberbou a barreira dos Alleghanies e a transmontou, espraiando-se no *far-west*; sopeara-lhe o arremesso a maninhez desalentadora dos terrenos absolutamente estéreis que se desatam a partir das vertentes orientais das Rocky Mountains.

Entre nós, não. As nossas duas maiores linhas de penetração, a de São Paulo e a do Pará, convergentes ambas em Cuiabá, nortearam-se desde o começo como à procura de empecilhos de toda ordem.

Os sertanistas que abalaram de Porto Félix à feição do Tietê e do Paraná, para vencerem as águas torrenciais do Pardo até alcançarem pelo Taquari e pelo São Lourenço aquele longínquo objetivo depois de uma navegação de cerca de 4 mil quilômetros – e os que demandavam, a partir de Belém, sempre ao arrepio das águas do Amazonas, do Madeira e do Guaporé, numa travessia de mais de 700 léguas, iam apostados à luta formidável com os baques das catadupas, com o acachoar das itaipavas, com a monotonia inaturável das varações remoradas, com o choque das correntes e com os torvelinhos dos peraus. Venceram-nos; e o planalto dos Parecis, expressivo *divortium aquarum*, de onde irradiam caudais para todos os quadrantes, teve, em pleno contraste com este caráter físico dispersivo, uma função histórica unificadora que só será compreendida quando o espírito nacional tiver robustez para escrever a epopeia maravilhosa das Monções.

---

1 Publicado em *O Estado de S. Paulo* em 29/5/1904.

2 Padre João Daniel, *Tesouro descoberto no máximo rio Amazonas* (vols. I e II). Rio de Janeiro: Contraponto, 2004.

Entretanto, demoravam-lhes no Ocidente paragens que seriam facilmente percorridas sem aquela extraordinária dissipação de esforços.

A queda do maciço brasileiro, irregular e abrupta noutros pontos e originando regimes fluviais perturbadíssimos, que alguns rios, como o Tocantins e o São Francisco, prolongam quase ao litoral, ali se desafoga na maior expansão em longitude da América do Sul, precisamente na zona em que a viva deflexão dos Andes para o Ocidente propiciou uma área à maior bacia hidrográfica da Terra. Daí o remansado e o desimpedido dos seus fartos tributários. O Purus e o Juruá são, depois do Paraguai e do Amazonas, os rios mais navegáveis do continente. Descidas as vertentes orientais dos últimos contrafortes andinos, onde lhes abrolham as fontes, e repontam as suas únicas cachoeiras, volvem as águas num declive que o mais rigoroso aparelho às vezes não distingue. Ajustam-se à rara uniformidade dos terrenos tão eloquentemente exposta, à mais breve contemplação de um mapa, no paralelismo dos grandes cursos de água que correm entre o Madeira e o Javari, drenando lentamente a região desimpedida que prolonga os plainos bolivianos e onde a natureza equilibrada esconde as opulências de uma flora incomparável nos labirintos dos igarapés...

Mas ninguém a procurou. A metrópole que firmara a posse da terra nas cabeceiras do Rio Branco, do Rio Negro, no Solimões e no Guaporé com as paliçadas e os pedreiros de bronze dos velhos fortes de São Joaquim, Marabitanas, Tabatinga e Príncipe da Beira – quatro enormes escudos desafiando a rivalidade tradicional da Espanha – evitara por completo (como se recuasse ante a ferocidade, tão fabulada pelos cronistas, dos muras erradios) aqueles longínquos tratos do território – até que no-las desvendassem, em 1851, Castelnau e o tenente da marinha norte-americana F. Maury.

Foi uma revelação. O descobrimento coincidia com uma renascença da atividade nacional. Na imprensa, o robusto espírito prático de Souza Franco aliara-se à inteligência fulgurante de Francisco Otaviano nessa propaganda irresistível pela franquia do Amazonas a todas as bandeiras, a que tanto ampararam o lúcido critério de Agassiz, as pesquisas de Bates, as observações de Brunet e os trabalhos de Souza Coutinho, Costa Azevedo (Ladário) e Soares Pinto, até que ela desfechasse no decreto civilizador de 6 de dezembro de 1866.

Tavares Bastos, não lhe bastando, à alma varonil e romântica, o tê-la esclarecido com o fulgor das melhores páginas das *Cartas do solitário,*[1] transmudava-se num sertanista genial: perlustrou o grande rio trazendo-nos de lá um livro, *O vale do Amazonas*, que é um reflexo virtual da *Hylaea* e portentosa e é ainda hoje o programa mais avantajado do nosso desenvolvimento. Ora, neste largo expandir de novos horizontes, um explorador tenaz, Chandless, traçou repentinamente a diretriz de um objetivo definido. Levara-o até lá, no trecho onde os grandes rios misturam as suas águas na anastomose das nascentes, o intento de descobrir uma passagem do Acre para o Madre de Dios – o velho problema da ligação das bacias do Amazonas e do Paraguai. Não o resolveu. Fez mais: sugestionado pelas maravilhas naturais, transformou-se num pioneiro salteado de ambições e fundou ali o primeiro estabelecimento que fixou o homem à terra; enquanto um mateiro destemeroso, Manoel Urbano da Conceição, um quase anônimo, como o é a grande maioria dos nossos verdadeiros heróis, batia longamente o reticulado inextricável dos furos e, desvendando as nascentes de todos os tributários do Purus, preparava a um outro dominador de desertos, o coronel Rodrigues Labre, grande parte do terreno para um rápido e intensíssimo povoamento.

De feito, foi uma transfiguração. Em pouco, sucessivas vagas de imigrantes reproduziam em nossos dias o tumulto das entradas do século XVIII.

O látex das seringueiras, o cacau, a salsa, a copaíba e toda espécie de óleos vegetais, substituindo o ouro e os diamantes, alimentavam as mesmas ambições ensofregadas.

A terra, até então entregue às tribos erradias, teve em cerca de dez anos (1887) uma população de 60 mil almas, ligando-se as suas mais remotas paragens de Sepatini e Hyntanaam a Manaus, pela Companhia Fluvial de Amazonas, com um primeiro desenvolvimento de 1 014 milhas, logo depois de distendidas na navegação dos tributários superiores que vão do Ituxi ao Acre. E por fim uma cidade, uma verdadeira cidade, Lábrea, repontou daquela forte convergência de energias trazendo desde o nascer um caráter destoante do de nossos povoados sertanejos – com o requinte progressista de uma imprensa de dois jornais, o *Purus* e o *Labrense*, e o luxo suntuário de um teatro concorrido, e colégios, e as ruas calçadas e alinhadas: a

1 Rio de Janeiro: Companhia Editora Nacional, 1975. Primeira edição de 1862.

molécula integrante da civilização aparecendo, repentinamente, nas vastas solidões selvagens...

Ora, estes sucessos, que formam um dos melhores capítulos da nossa história contemporânea, são, também, o exemplo mais empolgante da aplicação dos princípios transformistas às sociedades. Realmente, o que ali se realizou e está realizando-se é a seleção natural dos fortes. Para esse investir com o desconhecido não basta o simples anelo das riquezas: requerem-se, sobretudo, uma vontade, uma pertinácia, um destemor estoico e até uma constituição física privilegiada. Aqueles lugares são hoje, no meio dos nossos desfalecimentos, o palco agitadíssimo de um episódio da concorrência vital entre os povos. Alfredo Marc encontrou, nas margens do Juruá, alguns parisienses, autênticos parisienses, trocando os encantos dos bulevares pela exploração trabalhosa de um seringal fartíssimo; e acredita-se que o viajante não exagerou. Lá estão todos os destemerosos convergentes de todos os quadrantes. Mas, sobrepujando-os pelo número, pela robustez, pelo melhor equilíbrio orgânico da aclimação, e pelo garbo no se afoitarem com os perigos, os admiráveis caboclos do norte que os absorverão, que lhes poderão impor a nossa língua, os nossos usos e, ao cabo, os nossos destinos, estabelecendo naquela dispersão de forças a componente dominante da nossa nacionalidade.

É o que deve acontecer.

Volvendo ao paralelo que, pouco há, indicamos, ao notarmos a súbita parada da expansão norte-americana no *far-west*, levemo-lo às últimas consequências.

Por uma circunstância realmente interessante, os ianques, depois de estacionarem largos anos diante das Rochosas, saltaram-nas, vivamente atraídos pelas minas descobertas na Califórnia, precisamente no momento em que nos avantajávamos até ao Acre. O paralelismo das datas é perfeito. No mesmo ano de 1869, em que nos prendíamos por uma companhia fluvial àquelas esquecidas fronteiras, eles se ligavam ao Pacífico pela linha férrea do Missouri, audaciosamente locada nas cordilheiras e nos desertos.

Emparelhamo-nos, neste episódio da vida nacional, com a grande república.

Aceitemos, por isto mesmo, uma lição de Bryce. Traçando magistralmente o quadro da expansão ianque, o historiador nos demonstra que, diante do exagerado afastamento da costa oriental, as gentes localizadas nas novas terras do Pacífico formariam inevitavelmente uma outra nacionalidade, se os recursos da engenharia atual lhes não houvessem permitido uma intimidade permanente com o resto do país.

O nosso caso é idêntico, ou mais sério.

As novas circunscrições do Alto Purus, do Alto Juruá e do Acre devem refletir a ação persistente do governo em um trabalho de incorporação que, na ordem prática, exige desde já a facilidade das comunicações e a aliança das ideias, de pronto transmitidas e traçadas na inervação vibrante dos telégrafos.

Sem este objetivo firme e permanente, aquela Amazônia onde se opera agora uma seleção natural de energias e diante da qual o espírito de Humboldt foi empolgado pela visão de um deslumbrante palco, onde mais cedo ou mais tarde se há de concentrar a civilização do globo, a Amazônia, mais cedo ou mais tarde, se destacará do Brasil, naturalmente e irresistivelmente, como se despega um mundo de uma nebulosa – pela expansão centrífuga do seu próprio movimento.

DIÁRIO DE MARCHA DA COMISSÃO DO ALTO PURUS

No início do século XX, entrar na Amazônia significava povoar o desconhecido de forma a atender às expectativas de um país que não se reconhecia na imensidão de rios e matas que abrigava a região. A floresta, que surgia aos olhos dos homens como resposta às necessidades do mercado e do lucro fácil, era terra de ninguém. Diante dessa realidade, havia gente que conseguia vislumbrar na sinuosidade dos rios, no verde-escuro das árvores e na coragem dos povos que ali viviam um lugar rico e diverso. Gente como o escritor Euclides da Cunha, que, em 1904, deixava para trás a metrópole em busca do paraíso perdido.

Após desbravar os sertões, ele pensava em cruzar rios e matas para descobrir a Amazônia. O desejo do escritor e engenheiro era conhecer o Acre, terra renegada pelo governo brasileiro e cuja gente teve que pegar em armas para lutar pelo direito de pertencer ao Brasil. Nomeado em 1904 pelo barão do Rio Branco como chefe da Comissão Mista Brasileiro-Peruana de Reconhecimento do Alto Purus, partiu em 5 de abril de 1905 de Manaus para a nascente do rio Purus, com o desafio de realizar um levantamento daquele rio e colaborar com as demarcações definitivas das fronteiras entre Brasil e Peru.

A viagem permitiu que Euclides da Cunha fosse o primeiro cientista social brasileiro a fazer uma leitura, talvez a mais profunda até hoje, da "sociedade seringueira", denunciando a exploração a que eram submetidos os nordestinos que ele viu lutar em Canudos, agora transformados em seringueiros.

Arquilau de Castro Melo

Extrato do Diário de Marcha da Comissão Mista Brasileiro-Peruana de Reconhecimento do Alto Purus

Referência do acervo no Itamaraty

Arquivo da Comissão de Reconhecimento do Alto Purus

Lata 477
Março 8
Limites
Setor Peru
Cópias
Diário de Marcha
1905

Comissão Brasileira de Reconhecimento do Alto Purus
Diário de Marcha – desde a foz do Purus até as cabeceiras

Explicação:

Há três letras neste diário. A primeira é do engenheiro Manoel da Silva Leme, secretário, que acompanhou a comissão somente até as cercanias da boca do Chandles.

A segunda, do engenheiro Arnaldo da Cunha, auxiliar técnico, que nos acompanhou até as cabeceiras e a quem encarregou de apontar os principais incidentes. A terceira é do alferes sr. Carlos Cavalcante de Carvalho, subalterno da força, que transcreveu as notas do auxiliar, depois que este se demitiu, em Manaus.

O engenheiro Arnaldo passou a limpo suas notas, em Manaus, precisamente na ocasião em que se romperam as nossas relações, por divergências em assuntos de serviço.

Escreveu-as até a saída do vapor em que seguiu para a Bahia. Julgo esta circunstância digna de nota. Nada se alterara, como é fácil verificar, do que ele escreveu.

A mesma página do diário, escrita pelo engenheiro Leme, foi interrompida por dois motivos: primeiro porque o encarregaram, durante a descida, de fazer uma estatística dos lugares alcançados; segundo porque, em Manaus, teve que atender à cópia do relatório.

Faleceu antes de terminar este, deixando o diário incompleto. Mas esta última página tem o altíssimo valor, de mais uma vez, esclarecer o incidente de Maniche, a que tantas vezes me referi.

Rio 20/2/1905
Euclides da Cunha

Registro diário dos acontecimentos desde que partimos de Manaus. Bordo da Lancha nº 4 da Marinha Nacional.

A Comissão Brasileira de Reconhecimento do Alto Purus partiu de Manaus juntamente com a Peruana no dia 5 de abril de 1905 às 7 horas da tarde; pois compunha-se das seguintes embarcações: lancha *Cunha Gomes*, batelão *Manoel Urbano* e lancha nº 4 da Marinha Nacional.

A Comissão Peruana, apenas uma embarcação, que era a lancha de guerra denominada *Cahuapanas*, a bordo da qual iam todos os seus membros. Às 9 horas, mais ou menos, da noite ancoramos na enseada de Marapatá, ao lado da *Cahuapanas*.

À 1h30 da noite, o 1º tenente da armada, Henrique Aristides Guilherme, ajudante substituto da Comissão Brasileira de Reconhecimento do Alto Juruá, veio na lancha *Faceira*, pertencente à mesma comissão, conferenciar reservadamente com o dr. Euclides da Cunha, chefe da Comissão de Reconhecimento do Alto Purus, que se achava a bordo da lancha nº 4 da Marinha Nacional; terminada a conferência, o 1º tenente Guilherme voltou para Manaus às 4h30 da manhã do dia 6.

Após a partida do 1º tenente Guilherme, a nossa lancha, nº 4, deu sinal de partida; as duas Comissões Mistas Brasileiro-Peruanas levantaram ferro e partiram em demanda do Purus.

A tripulação da nossa flotilha ficou assim distribuída:

A bordo da lancha nº 4 iam o chefe, dr. Euclides da Cunha, e o seu secretário, dr. Manoel da Leme; esta lancha era guarnecida exclusivamente por pessoal da Marinha, a saber: 2 maquinistas, 5 foguistas, um cabo e 2 marinheiros.

A *Cunha Gomes* levava a reboque um batelão denominado *Manoel Urbano*, em cujo bordo iam os outros membros da Comissão, a saber: 1º tenente do Exército – Alexandre Argollo Mendes – ajudante substituto; dr. Arnaldo P. Cunha – auxiliar técnico; dr. Thomaz Catunda – médico; Rodolfo N. Pereira – encarregado do material; 20 praças do 36º Batalhão de Infantaria comandados pelo alferes Francisco Lemos, tendo como subalterno o alferes Antônio C. Cavalcante de Carvalho.

A *Cunha Gomes* tinha como comandante o sr. Arthur de Caldas Brito, 2 maquinistas, 3 foguistas, 1 mestre, 1 marinheiro e 1 cozinheiro.

Comissão Brasileira de Reconhecimento do Alto Purus de 1905

Dia 6 de abril

Viajamos dia e noite sem incidente algum, chegamos à noitinha em Arapatá, onde fizemos provisão de lenha e tartarugas.

Dia 7 de abril

Passamos em frente a Manacapuru às 8 da manhã; desatracamos da *Cunha Gomes* e nos atrasamos muito devido à lenha que não dava pressão suficiente para navegarmos depressa. Alcançamos ao meio-dia a *Cunha Gomes*, atracamos para almoçar. Navegamos o resto do dia e à noite, juntos, sem novidade.

Dia 8 de abril

Navegamos sem nenhum incidente dia e noite, apenas paramos algumas vezes por falta de pressão.

Dia 9 de abril

Entramos na foz do Purus às 7 horas da manhã. Começamos ali o levantamento hidrográfico depois de termos lavrado uma ata, na qual os dois comissários, brasileiro e peruano, combinaram a maneira e o método que haviam de empregar até o fim desta expedição. Ficou assentado que o levantamento só se faria durante o dia.

Paramos em Barury 4 horas mais ou menos para tomarmos lenha.

Dia 10 de abril

Andaram as três embarcações atreladas a meia marcha. A lancha peruana *Cahuapanas*, ora nos seguia à retaguarda, ora nos ladeava forçando ou contendo a sua velocidade, que é muitíssimo superior à nossa. À noite, devido à cerração fechada, o nosso prático, ou por descuido ou por estar dormindo, virou a proa e lá fomos rio abaixo atrasando-nos umas quinze horas.

Paramos em Parycatuba à 1 hora da tarde para tomarmos lenha.

Dia 11 de abril

Navegamos o dia inteiro a meia marcha, às 6h30 apontamos em Arumau, onde tomamos lenha, encontramos a lancha peruana, que há muito estava à nossa espera.

Dia 12 de abril

Navegamos noite e dia sem incidente. Aportamos às 6h30 em Santa Luzia para tomarmos lenha, às 10 horas continuamos a nossa viagem. Tiramos umas vistas fotográficas das embarcações peruanas e brasileiras. O dr. Euclides presenteou o dr. Buenaño com um serelepe. Continua a mesma monotonia a bordo. As paisagens se sucedem sem contudo variarem.

Dia 13 de abril

Paramos às 6h30 para tomarmos lenha em Bacury, digo Boa Vista de Bacury, em frente ao igarapé das Tabocas. Esta coisa acha-se situada na praia do Marrecão, à margem direita do Purus, todos os seus moradores são cearenses. Às 2h30 da madrugada atracamos no Tracuá, contratamos o reboque do batelão *Manoel Urbano* por 8 contos de réis, à vista, até a boca do Acre.

Foram no batelão: o tenente Argollo, Catunda, Lemos, Cavalcante, coronel Nunes e quinze praças. O Arnaldo passou a viajar conosco na lanchinha nº 4 para fazermos o levantamento hidrográfico.

Dia 14 de abril

Às 4h30 da manhã começamos a navegar atracados à *Cunha Gomes*, adquirimos muito mais velocidade depois que o batelão deixou de ir a reboque. Aportamos em Campinas às 10h30 para tomarmos lenha. Continuamos a fazer uma boa marcha, saímos à 1 hora da tarde.

Dia 15 de abril

Continuamos a viajar com uma velocidade regular variando a marcha entre 4 e 4 ½ milhas por hora. Na madrugada de 14 para 15 aportamos no sítio denominado Elba para tomarmos lenha. Às 7h30 da manhã chegamos a Boa Vista, onde paramos para o mesmo fim. O 1º maquinista, sr. Cardoso, pediu ao chefe para regressar em vista da pouca harmonia que existia, lá entre eles, a bordo, e ficou combinado que no primeiro porto ele regressaria. À 1 hora da tarde passamos em frente a Tauá-Mirim. Às 2h20 aportamos no Laranjal para tomarmos lenha, saímos às 4h50 da tarde.

Dia 16 de abril

Na madrugada de 15 para 16, o Leme foi fazer quarto a bordo das 5 às

6 da manhã. Às 4h30 passamos em frente a Pinaubas e às 5h15 em frente a Andarahy. Às 7h30 passamos em frente a Guajaratubinha. Aportamos para tomarmos lenha, aí já se achava a *Cahuapanas* à nossa espera. À 1h15 passamos em frente a Itatuba. Navegamos o resto do dia sem incidente.

Dia 17 de abril

Navegamos a noite toda a meia marcha, às 5 horas da madrugada o Arnaldo foi fazer quarto a bordo. Às 2 horas da tarde passamos em frente a Santa Rosa. Hoje um marinheiro não quis obedecer às ordens do comandante Caldas Brito, foi para o porão e lá "graumou" duas horas. Continua a mesma monotonia de bordo. Continuamos a viajar sem novidade.

Dia 18 de abril

Navegamos todo o dia a boa marcha, chegamos a Bela Olinda, situada à margem esquerda do Purus, ao meio-dia, ali já se achava a *Cahuapanas* à nossa espera. Um soldado se insubordinou contra o 1° maquinista, Jacques Reissuam, da lancha *Cunha Gomes*, graumou no porão umas três horas. Na madrugada de 17 para 18, o Leme foi fazer quarto a bordo das 3 às 6 horas da manhã e das 7 às 10 horas na bússola. Às 5 horas da tarde passamos, ou melhor, tocamos, um "Prepi" para tomarmos lenha.

Dia 19 de abril

Navegamos regularmente toda a noite, às 8 horas da manhã aportamos em Porto Alegre a fim de tomarmos lenha, ali encalhamos umas cinco horas à margem direita do Purus. Após o encalhe, partimos e tivemos boa marcha.

Dia 20 de abril

Encalhamos em São Francisco de Assis, às 5h30 da tarde, durante uns quinze a vinte minutos, ali nos munimos de lenha. Passamos em frente a Camtama à 1h55 da tarde. O resto do dia e à noite tivemos uma boa viagem.

Dia 21 de abril

Navegamos durante todo o dia sem incidente algum. Às 11 horas da manhã passamos em frente a Santa Cora, tomamos 1 500 achas de lenha em Santo Antônio de Apituhau; passamos em Assaituba às 6h30 da tarde; em Curusu tomamos mais lenha.

Dia 22 de abril

Navegamos à noite regularmente, às 9 horas da manhã chegamos a Lábrea, ali remetemos dois ofícios, um para o barão do Rio Branco e outro para o visconde de Cabo Frio. À 1 hora só aportamos em São Luiz de Cassianam para tomarmos lenha. Às 5h30 da tarde houve um pugilato entre o 1º primeiro maquinista, Jacques Reissuam, e o prático Camilo Berger, o chefe interveio, usou de toda energia e resolveu deixar o 1º no primeiro porto, depois de pagar todas as suas contas.

Dia 23 de abril

Navegamos a noite toda sem novidade. Às 5h30 da manhã aportamos no sítio denominado Trombetas para tomarmos lenha, ali ficou o 1º maquinista, Jacques Reissuam. Às 10 horas da manhã avistamos o Tracuá e o nosso batelão, em Marraau, aportamos; soubemos que o dito navio estava fazendo água pela proa devido a um pau que o furou. Ficou acertado que o batelão sairia noutro dia rebocado pelo mesmo vapor ou por outro que aceitasse reboque. Zarpamos às 11 horas e navegamos o resto do dia e à noite sem incidente.

Dia 24 de abril

Depois que deixamos o batelão, passou à morar conosco na lancha nº 4 da Marinha Nacional o alferes Cavalcante. Aportamos em Sebastopol para tomarmos lenha às 5h30 da manhã e saímos às 8h30. É a situação ou seringal mais bem tratado que temos visto até agora; boa casa de morada, de palha, porém com as arestas todas da cobertura tomadas a zinco, alpendre de zinco na frente (casa assobradada), quintal grande com várias árvores frutíferas. Na boca do Sepateuy tomamos 500 achas de lenha, em Santa Cândida, onde aportamos mais ou menos às 10 horas, tomamos de novo lenha, pouco abaixo deste ponto achava-se a *Cahuapana*, também tomando lenha; logo depois esta se fez ao largo, à noite encontramo-la e passamo-la. Continuamos a navegar sem incidentes.

Dia 25 de abril

Passamos em frente a Igualdade às 8h45 da manhã pouco abaixo da boca do lago Aciruã. Chegamos à cachoeira às 11h30 da manhã, saímos às 4h55 da tarde, depois de termos tomado lenha. Aí encontramos o *Jurupatuba*, o chefe arranjou com o comandante um barquinho para podermos ter a velocidade da nossa lancha; o mesmo comandante teve a gentileza de levar para Manaus um ofício para o capitão do porto, C. dos Santos Lara.

Dia 26 de abril

Navegamos a noite toda sem nenhum incidente; aportamos ao lugar denominado das Gaivotas a fim de lenharmos, saímos às 9h25. Fizeram quarto à noite na bússola, das 6 às 10 horas da noite, Arnaldo; das 10 às 2 horas, Cavalcante; das 2 às 6 horas da manhã, Leme. Chegamos a Realeza às 10h30 da manhã para tomarmos lenha; partimos à 1h20 da tarde, às 11h30 da noite aportamos em São Luiz de Mamoriá para tomarmos lenha, saímos às 4h30 da madrugada do dia 27. Foi preso o marinheiro Leôncio, por ter lançado fora a barquinha.

Dia 27 de abril

Navegamos durante o dia sem nenhum incidente. Às 11h30 passamos em frente a Catipary, ou Tiradentes; às 12 horas fronteamos Mitaripuá. Aportamos em Humahytá às 4h10 para tomarmos lenha, saímos às 9h50 da noite; aí o sr. Magalhães, proprietário do local, nos proporcionou umas boas horas de diversão, fazendo-nos ouvir um variado repertório de modinha em um zonofone.

Dia 28 de abril

Navegamos a noite toda sem incidente. Às 9h20 passamos em frente a Serury, onde se achava a *Cahuapanas* tomando lenha. Aportamos em Monte Alegre para tomarmos lenha; passamos em frente a Taçaquiry às 12h25 e na boca do Pauiny à 1h25. Às 2 horas da tarde aportamos em Nitheroy a fim de tomarmos lenha, saímos às 4 horas; às 5 horas passamos em frente a Cunary.

Dia 29 de abril

Navegamos a noite toda sem novidade. Às 9 horas da manhã o capitão Buenaño mandou um ofício ao nosso chefe comunicando-lhe ter sido nomeado chefe das duas comissões peruanas de reconhecimento dos rios Juruá e Purus. Imediatamente o nosso chefe respondeu seu ofício agradecendo a comunicação e dando os parabéns em seu nome e no dos seus companheiros de comissão.

Foi substituído o chefe da comissão de reconhecimento do Juruá (comandante Espinard) pelo comandante de *Cahuapanas*, sr. Numa Léou.

Acompanhou o ofício de d. Buenaño uma foto que o mesmo mandou ao nosso chefe. Passamos em frente a Vitória às 10h15, aportamos em São Bernardo às 5 horas para tomarmos lenha; saímos às 4h30 da tarde.

Dia 30 de abril

Navegamos toda a noite sem novidade. Às 5 horas da manhã aportamos em Boa Hora para tomarmos lenha. Às 8h05 passamos em frente a Santo Elias (margem esquerda), às 3h40 da tarde passamos na foz do Inauyny.

Às 4 horas aportamos em São Pedro do Inauyny para tomarmos lenha, saímos às 7h30 da noite. Em Nitheroy e neste porto uma quantidade enorme de grilos invadiu nosso camarote, nos incomodando bastante.

Dia 1º de maio

Chegamos a Conceição do Desterro às 8 horas da manhã para tomarmos lenha, saímos às 10 horas. Da meia noite às 4h30 da manhã estivemos ancorados, as lanchas garraram uma meia légua seguramente; passamos em frente a Monte Verde às 6h40 da tarde. Tivemos que parar um bom tempo por não poder funcionar o injetor da lancha nº 4, cuja válvula um foguista pôs fora. Às 8h20 da noite passamos em frente ao sítio denominado Inferno. Chegamos à boca do Acre às 10 horas da noite.

Dia 5 de maio

Saímos da boca do Acre no dia 5 às 2 horas da tarde, até este ponto o estado sanitário a bordo foi bom. Aí estivemos quatro dias a fim de se determinar a latitude e regularizar os cronômetros. Determinamos a velocidade, largura, temperatura e volume dos rios Acre e Purus, a saber: Acre – velocidade absoluta 1,20 milha; velocidade média 0,78. Velocidade do Purus, acima da boca do Acre, 1,50 milha. Não conseguimos avaliar a despesa do Purus, devido à correnteza.

Temperatura do Purus antes da sua confluência com o Acre 26°,1' depois da confluência 25°,8'. A do Acre antes da sua confluência é de 24°,5', a sua largura, de 90 metros.

Organizou-se um plano de sinais para servir de meio de comunicação às embarcações. Ficou combinado que só navegaríamos durante o dia. Aí pediu a sua demissão o Arnaldo – auxiliar técnico –, não aceita; o comandante Caldas Brito, este voltou, por divergências com o chefe, sendo o seu pedido aceito. Octávio, 2° maquinista, esteve com as malas fora da lancha e prestes a voltar; um foguista, o caiaiguac, este desertou. O Argollo brigou com o coronel Nunes, pediu a sua demissão, porém depois reconsiderou o seu ato. Continuamos a nossa viagem durante o dia sem incidentes, à noite paramos.

Dia 6 de maio

Começamos a navegar às 6h50 da manhã. Depois de uma hora mais ou menos de navegação uma montaria garrou, tivemos de voltar para pegá-la; baixou logo depois a pressão da nossa lancha (nº 4), paramos uns vinte minutos para levantá-la. Aportamos em Camaragibe para tomarmos lenha. Quando deixamos a boca do Acre, a nossa lancha nº 4 desatracou da *Cunha Gomes* e começou a navegar sozinha. Chegamos a Europa à 1 hora da tarde para almoçarmos, aí nos esperavam a *Cunha Gomes* com o batelão e a *Cahuapanas*. Partimos às 2h10, depois de termos tomado lenha. Às 5h50, paramos outra vez por falta de pressão, saímos às 6h10, chegamos às 8 horas no lugar onde se achavam ancoradas as nossas embarcações e a peruana, pernoitamos.

Dia 7 de maio

Partimos às 5h55 da manhã, passamos em frente a Independência às 8 horas, aportamos em Cametá às 11h30 para tomarmos lenha; em Ponta Alegre às 4h15, aí pernoitamos. Não houve incidente algum.

Dia 8 de maio

O cap. Buenaño propôs ao dr. Euclides irmos a bordo da *Cahuapanas* a fim de andarmos mais e não perdermos o tempo próprio para navegação, em virtude da morosidade da marcha das nossas embarcações. O dr. Euclides propôs, por sua vez, irmos atracados ao costado da *Cahuapanas*, porém de fogos acesos, não perturbando deste modo a marcha desta última. Em vista disso, ficou resolvido que a lancha nº 4 iria junto da *Cahuapanas* esperar a *Cunha Gomes* e o batelão em Novo Destino . A bordo da lancha nº 4 se achavam os drs. Euclides, Arnaldo e Leme. Desde que desatracamos da *Cunha Gomes*, e encetamos a nossa viagem, passamos por várias barracas e não encontramos lenha; em Mamitiá às 10h55 não havia lenha. Tomamos 250 achas emprestadas dos peruanos. Aportamos em São José às 2h35, aí encontramos lenha, pagamos a que tínhamos emprestado dos peruanos, saímos às 3h29. Pernoitamos em Ave Maria.

Dia 9 de maio

Saímos às 5h55 da manhã, tivemos uma marcha média de 3 milhas por hora. Às 9 horas paramos para tomar lenha em Vista Alegre, havia apenas 600 achas, foram divididas entre as duas lanchas; tivemos de lenhar, saímos às 2 horas. Hoje o soldado Sérgio foi lavar o filtro e deixou cair pelo rio abaixo as doze únicas velas que possuíamos do nosso filtro Pasteur. Ficamos sem água filtrada. Chegamos às 5h40 da tarde ao sítio Moreira, onde tomamos lenha e pernoitamos.

Dia 10 de maio

Partimos às 5h52 em demanda do Iaco. Os peruanos nos obsequiaram com um filtro de carvão por termos perdido o nosso. Temos navegado durante o dia perfeitamente bem sem nenhum incidente, até a hora em que escrevo, 4h55 da tarde. Chegamos a São Miguel às 6 horas, aí tomamos lenha e pernoitamos.

Dia 11 de maio

Saímos de São Miguel às 5h57 da manhã; passamos em frente a Santa Tereza às 7h06, às 10h40 passamos de fronte de Campo Grande. Às 12h50 encontramos com o *Neptuno*, que vinha do Iaco. Chegamos à boca do Iaco às 5h20. Às 4 horas o comandante Buenaño estava de sextante em punho, observando o sol. Os drs. Euclides e Arnaldo saíram em montaria a fim de percorrer um trecho do Iaco, levaram bússola, balizas, trena, teodolito e termômetro para determinarem a velocidade, despesa e temperatura.

Hora depois fui com a lanchinha nº 4 para o posto fiscal Santo Apolônio, distante da boca do Iaco uns 800 metros mais ou menos, aí se achavam os drs. Euclides e Arnaldo. Jantamos.

Dia 12 de maio

Pernoitamos na boca do Iaco. Às 8 horas da manhã, fomos com o comandante Buenaño dar um passeio pelo Iaco na nossa lanchinha, regressamos às 9h15. Depois do almoço o Arnaldo e eu fomos determinar a velocidade, despesa e temperatura do Purus pouco acima da confluência deste com o Iaco. Nas várias tentativas que fizemos para tomarmos a largura e consequentemente obtermos a seção do rio, partiu-se a corda que se achava ligada à trena, e lá se foi esta ao fundo. À noite o dr. Euclides e o comandante Buenaño estiveram observando estrelas para determinação de latitude.

Dia 13 de maio

Partimos da boca do Iaco às 5h55 da manhã. Passamos já por vários lugares, a saber: Campinas, São Francisco, Santa Maria; às 12h40 passamos defronte de Descanso Novo. Até esta data os peruanos continuam a ser bastante gentis para conosco, e nós correspondemos a essa gentileza do melhor modo que podemos. Às 6 da tarde chegamos a Silêncio de Cima, onde pernoitamos. Fato singular, não havia absolutamente carapanãs neste ponto, de modo que passamos uma bela noite.

Dia 14 de maio

Partimos de Silêncio de Cima às 5h57 da manhã, pouco adiante desta situação paramos para tomar lenha. Navegamos o dia todo sem nenhum incidente. Às 6 da tarde chegamos a Aliança e aí pernoitamos. À noite o chefe e o comandante Buenaño foram observar o céu. Passamos também neste ponto uma esplêndida noite devido à ausência completa de carapanãs.

Dia 15 de maio

Partimos de Aliança, margem direita, às 6 da manhã. As madrugadas de ontem e hoje foram bastante frias. Paramos às 8h30 em Cumaru para tomarmos lenha. Passamos defronte de Boa Vista às 11h55.

Ao meio-dia e um quarto paramos por causa de um pau na hélice da *Cahuapanas* na altura de Boa Vista. Às 5 horas da tarde chegou o batelão e a *Cunha Gomes*, fizemos nova provisão de gêneros e ela seguiu. Pernoitamos neste ponto.

Dia 16 de maio

Saímos às 5h50, logo depois encontramos a *Cunha Gomes* e o *Manoel Urbano*, tomamos a dianteira uns 200 metros, logo depois, porém, esta nos passou e conservou-se à frente, indo portanto a *Cahuapanas* na bagagem. Às 8h45 passamos em frente ao barracão São Salvador (peruano), cumprimentamos a bandeira. Este barracão parece-me pertencer ao célebre Cariri. Às 9h15 passamos em frente a São Paulo; às 12h25, em frente a Macapá. Encontramos a *Cunha Gomes* e o *Manoel Urbano* encalhados em Catiana às 3h50.

Às 4 horas desatracamos da *Cahuapanas*, seguimos na frente e ancoramos logo a fim de indicar a passagem à mesma. Veio a bordo um sujeitinho, empregado do posto fiscal, muito pernóstico e implicante, tomar conhecimento sobre as nossas embarcações.

Ontem ficou a bordo do *Manoel Urbano* um peruano doente a fim de se tratar. A *Cunha Gomes* safou-se às 7h30 da noite; pernoitamos pouco acima de Catiana, atracados de novo à *Cahuapanas*.

Dia 17 de maio

Levantamos ferro às 6 horas da manhã. Logo ao amanhecer o Arnaldo encontrou preso ao seu anzol um peixe de uma nova espécie, um gato dos peruanos. Paramos às 8h45 para fazermos lenha no mato. Pouco acima de Catiana recolhemos umas amostras de pedras. Saímos à 1h40 depois de termos feito trezentas achas de lenha. Passamos em frente a Novo Santarém às 3h25 da tarde; às 4h40 passamos pela *Cunha Gomes* e *Manoel Urbano*, que se achavam fundeados à espera do prático Berger, que tinha ido fazer sondagens. Chegamos a Novo Destino às 5h45, aí pernoitamos.

Dia 18 de maio

Saímos de Novo Destino às 6h18 da manhã. Aí se acha um destacamento do 36º da Infantaria, comandado pelo cap. Nicanor de M. Alves. É proprietário do lugar um sr. Mariano.

Passamos defronte de São Pedro Velho às 8h10 da manhã (margem direita); em Paysandu, às 9h35. Paramos em São Raymundo para tomarmos lenha às 11 horas. Chegamos à liberdade à 1h30, procuramos o coronel José Ferreira, proprietário do lugar, não o encontramos. O dr. Euclides foi procurá-lo a fim de entender-se com ele, a pedido do comandante Buenaño, a respeito de uns peruanos que diziam acharem-se presos e servindo de escravos, o que absolutamente é inexato, segundo aí nos informaram. Partimos às 2h20 da tarde; às 4 horas passamos em frente a Nova Alegria e às 5 horas em frente a Bom Jardim. Chegamos a Samaúma Nova às 6h15, aí pernoitamos.

Dia 19 de maio

Partimos de Samaúma Nova às 6 horas da manhã. Ontem à noite o dr. Euclides e o comandante Buenaño estiveram observando Sirius e outras estrelas da constelação da Ursa Maior e do Cruzeiro para latitude. Esta noite passada quase que não tivemos carapanãs. Nota-se já sensível diferença no clima, parece ser o ar muito mais puro e a região muito mais saudável que a do baixo Purus, as madrugadas são já bastante agradáveis. Paramos em Itatinga às 9 horas da manhã para tomarmos lenha, mas não a compramos por haver muito pouca; passamos por Santa Cruz Nova à 1h25. Às 3 horas paramos pouco acima de Santa Cruz Nova, fomos fazer lenha no mato, aí pernoitamos.

Dia 20 de maio

Levantamos ferro às 6 horas da manhã, passamos por Livre-nos Deus às 10 horas. Paramos às 10h40 para fazermos lenha, saímos às 4 horas da tarde. A *Cunha Gomes* e *Manoel Urbano* passaram por nós às 2 horas da tarde, seguiram em demanda do Chandless. Pernoitamos em Cruzeiro.

Dia 21 de maio

Saímos às 6 horas da manhã. Às 6h50 chegamos a São Brás, aí se achavam a *Cunha Gomes* e o batelão, que lá estavam de pouso, passamos adiante e fomos em demanda do Chandless. Às 7h50 a *Cahuapanas* encalhou. Às 9 apareceram a *Cunha Gomes* e o *Manoel Urbano*, logo depois deste último deu de encontro a um pau, fez um enorme rombo e as águas invadiram impetuosamente os porões, começando as mercadorias a nadarem. Com grande esforço, e o eficaz auxílio dos peruanos, conseguimos salvar grande parte das mercadorias, creio mesmo que 2/3 partes. Ficou então acertado, pelo dr. Euclides e o tenente Argollo, que uma parte da comissão iria com o primeiro até as cabeceiras, e a outra ficaria acampada no lugar do sinistro, a fim de aguardar a volta deste e auxiliá-lo na primeira oportunidade que se apresentasse com uma parte dos víveres que ficaram. Seguiram em demanda das cabeceiras, com o dr. Euclides e drs. Catunda, Arnaldo, alferes Cavalcante, nove praças, o Manoel, Octávio e a tripulação da lancha nº 4. Ficaram com o resto da comissão o ajudante substituto, tenente Argollo, o secretário T.M.S. Lima, o comandante do destacamento alferes F. Lemos, o encarregado do material, coronel Nunes e dez praças.

Dia 22 de maio

Às 9h30 partiu a lancha nº 4 para a boca do Chandless, levando em seu bordo o pessoal acima mencionado. À tarde o tenente Argollo reuniu o pessoal e foi tentar safar o batelão, nada conseguiu por ter-se partido o cabo. Continuamos ainda acampados na praia do naufrágio do *Manoel Urbano*. As madrugadas são terríveis, bastante frias, cerração fechada e evaporação extraordinária produzindo muito orvalho. O nosso acampamento ficou situado à margem direita.

Justamente a parte deste diário que mais interesse encerra e mais assunto contém foi feita pelo auxiliar técnico desta comissão, sr. dr. Arnaldo Pimenta da Cunha, o qual teve a felicidade de chegar até as cabeceiras deste rio em companhia do chefe da mesma. Se não acompanhei o dr. Euclides da Cunha até as cabeceiras deste rio, como era meu dever, foi única e exclusivamente por deliberação dele, como provo com o ofício de maio do corrente ano, que facilmente se encontrará no registro desta comissão. De modo que de 22 de maio até 20 de agosto o diário passou a ser feito pelo auxiliar técnico.

Dia 22 de maio (escrito pelo auxiliar técnico)

10h20

Partiu a *Cunha* e dez minutos depois encalhávamos. Fotografia – meia hora depois nos socorreram para fazer pressão; quinze minutos depois seguiu-se tudo normalmente. Passamos em Aracaju Novo às 11h55. Às 2h30 marchamos durante meio minuto. Às 3h08 passamos em Extrema do Aracaju e minutos depois entraram na praia dos paus. Ali pararam para sondar o canal. Prosseguimos às 3h45. Cinco minutos depois davam em cima da praia e às 3h59 paramos para sondar novamente o rio. Às 4h15 prosseguimos. Ancoramos às 6h17.

Dia 23 de maio

Saímos lentamente às 6h17 e chegamos à boca do Chandless às 7h45. Encalhamos ao nos aproximarmos da barranca. Desencalhamos dez minutos depois. Neste mesmo dia à 1h45 voltou novamente a lancha, com a sua tripulação completa para São Brás. O sr. Cardoso levou novas ordens para o Argollo e 1:000$000.

Dia 24 de maio

Param antes do almoço e deixam passageiros e tripulantes de Santos Dumont e Camimã e mais tarde o comandante e o secretário deixam outros. Estiveram em terra, onde almoçaram e foram portadores de cartas particulares, e um custeio de [palavra não legível] para o barão do Rio Branco. Às 7 horas da noite chega a lancha nº 4, com a Comissão Peruana, depois de ter levado três horas encalhada.

Dia 25 de maio

Propõem-se as normas para a ida do Cavalcante, oficiais etc.

Dia 26 de maio

Partida do Cavalcante às 9 horas para Manaus, a fim de providenciar, principalmente, sobre a remessa de recursos e instruções. À noite chegou o dr. Fontes de Carvalho, de cima, trazendo-nos notícias das Comissões Administrativas.

Dia 28 de maio

Na madrugada, nada de anormal, a nossa lancha jorrou, bem assim uma outra canoa partiu. O dr. Catunda balanceou os nossos gêneros e calculou o tempo que durariam. O dr. Euclides, além de diversas providências que adotou, a fim de que a nossa partida se realize o mais breve possível e de modo mais cômodo, calculou em horas da passagem de diversas estrelas e à tarde, em companhia de d. Buenaño, d. Zavala e do auxiliar técnico, retificaram as lunetas de Lugeol, micrômetro de fluviais, examinaram os demais goniômetros e compararam os "diastímetros". Já, anteriormente, tinham os chefes peruanos combinado sobre o levantamento a adotar, uma vez que continuávamos em canoas.

A nossa luneta de Lugeol e o micrômetro de fluviais deram exatos, havendo uma diferença de 4 metros; para uma distância de 100 metros, medida com a luneta de Lugeol, da Comissão Peruana. À tarde chegaram os novos soldados que tinham ido a São Brás, trazendo um batelão que ali ficara em poder do dr. Argollo. Trouxeram notícias do nosso pessoal, todas boas, e um pedido de demissão do coronel Nunes Pereira, pedido que foi respondido com o memorando nº 14. Trouxeram, além do batelão, quatro remos e alguns gêneros alimentícios. Efetuaram-se observações termométricas, barométricas e psicométricas. À noite o dr. Euclides da Cunha e o auxiliar técnico observavam estrelas para a determinação de latitudes. Tivemos a visita do dr. Buenaño e Savalla em nosso barracão. Noite fria.

Dia 29 de maio

Cerração. Noite fria. O rio apresentou uma enchente de um palmo. Hoje cedo tratou-se de preparar as canoas para a subida que se efetuou de manhã cedo, sendo necessário calafetá-las e remendá-las, com grande dificuldade por falta de materiais apropriados. Às 8h15 seguiram para São Brás em uma canoa o prático e dois marinheiros da Marinha Nacional, com o memorando nº 13-A para o tenente Argollo. Tentou-se determinar a declinação da agulha magnética, na boca do Chandless, o que não deu resultado por causa da chuva que caiu do meio-dia para a tarde, cobrindo completamente o sol. O auxiliar técnico retificou o teodolito topográfico.

Dia 30 de maio

Estávamos na boca do rio Chandless.

Manhã sem sol, fria e triste.

Até as 11 horas do dia estivemos em preparativos para a partida, arrumando-se canoas e batelões. Em seguida foram fotografadas as embarcações peruanas e brasileiras. As primeiras pelo fotógrafo peruano, as segundas pelo auxiliar Arnaldo Cunha.

Iniciou-se, logo depois, a nossa viagem em canoas. As embarcações peruanas em número de quatro – três batelões e uma canoa pequena – e as brasileiras contavam com dois batelões e uma canoa ligeira. Previamente efetuou-se a comparação dos cronômetros brasileiros com os cronômetros peruanos, sendo todos eles embarcados em um dos grandes batelões pertencentes à Comissão Peruana. Às 11 horas encetamos a nossa viagem morosíssima e tão morosa era, a princípio, que levamos horas para percorrer, isto é, cerca de milhas.

O levantamento era feito pelos comissários chefes das duas comissões, que empregavam o compasso de levantamento, na medida dos ângulos, e a luneta.

O auxiliar da Comissão Brasileira, em canoa ligeira e bem tripulada, avantajava-se sempre, escolhendo os pontos mais convenientes para colocação da mira, indispensável ao funcionamento da luneta Lugeol. Assim prosseguiu-se até as 6h30 da tarde, quando acamparam em uma mesma praia as duas comissões exploradoras. O emprego da luneta Lugeol e a inexperiência absoluta dos nossos soldados ao manejo dos varejões faziam prever o tempo excessivamente dilatado que deveríamos gastar com um tal sistema de levantamento.

Assim, porém, continuou-se.

Dia 31 de maio

Encetando-se a nossa viagem às 7 horas da manhã. A cerração que então nos envolvia impossibilitava pôr em ponto a luneta de Lugeol. Muito mais úmida do que a anterior foi a manhã de hoje. A diferença psicométrica era nula, nas primeiras observações das primeiras horas da manhã.

O levantamento continuou a ser como ontem, sendo de notar a discrepância das distâncias obtidas com as duas lunetas micrométricas – a peruana e a brasileira. Estas foram, entretanto, aferidas, comparadas e retificadas, na boca do Chandless, não acurando a luneta brasileira diferença apreciável.

Reiniciaram-se os serviços das observações meteorológicas, do modo mais favorável possível para as circunstâncias que nos cercavam.

A presença de nuvens nimbos – movimentando-se rapidamente, encadeando-se em nuanças, desde o cinza-claro até quase o negro, indicavam mau tempo.

Assim acamparam em uma mesma praia, à tarde, as duas comissões.

Dia 1º de junho

O temporal ameaçador desfez-se. Pelo menos limpo era o estado do céu.

Saímos do lugar do acampamento às 6 horas da manhã, com alguma cerração. Termômetro marcava então 21,2°C, repentinamente novos nimbos aparecem, em movimento rápido, e, ao meio-dia, uma chuva copiosa desaba sobre nós, acompanhada de um vento muito fresco, perturbando a nossa marcha já demorada.

Esta chuva só cessou completamente às 2h40 da tarde.

Entretanto, andamos um pouco mais do que nos dois dias anteriores.

Ficou resolvido entre os chefes das duas comissões abandonar por completo o emprego da luneta de Lugeol.

O auxiliar da Comissão Brasileira passou a medir nas praias, nos seus melhores trechos e do modo mais favorável, as maiores distâncias que pudesse, marcando os seus pontos extremos. Os encarregados do levantamento observariam então o tempo gasto pelas suas embarcações em percorrer as distâncias assinaladas.

Estas observações, repetidas várias vezes durante o dia, permitiam de um modo aproximado a determinação da velocidade da canoa e assim a distância percorrida.

Com tal sistema conseguiu-se avançar um pouco se acampando no lugar.

Dia 2 de junho

Saímos às 6h35. A manhã era nebulosa e a temperatura agradável.

Às 8h15 tivemos um primeiro encalhe e demorado, ao qual se sucederam muitos outros. À 1h10 acampamos para almoçar e reatamos a nossa marcha melhorada, às 2 horas. Outros muitos encalhes ainda tiveram lugar, em alguns dos quais demoramos de dez a quinze minutos. Apesar disso, as nossas embarcações pararam às 5 horas da tarde, em uma praia fronteira ao seringal Triunfo Velho, com uma trajetória dupla das anteriores.

Dia 3 de junho

Às 6h33 levantamos o nosso acampamento da praia do Triunfo Velho e prosseguimos viagem, muito esperançados de chegarmos a Novo Lugar, acampamento da Comissão Brasileira Administrativa.

Aos trechos crivados de paus sucediam-se lugares cheios de baixos, onde o canal do rio apresenta-se, nesta quadra, tortuosíssimo.

Às 7h30 da manhã passamos por duas barracas pequenas, à margem direita do rio, as quais não têm nome nem figuram nos roteiros conhecidos. Pertencem ao cearense apelidado de "Cae-n'água", que desempenhou papel saliente nos últimos tumultos havidos entre brasileiros e peruanos.

É seringal de pouca importância.

Logo depois, e na mesma margem, aparece outro sítio. Às 2h40, paramos para esperar a Comissão Peruana, que se retardara, prosseguindo às 2h28, com o aparecimento de uma canoa peruana.

À 1 hora da tarde chegamos ao lugar denominado Porto de Mamoria, sítio em lugar alto e de boa aparência, contendo dez casas marginais, muitos burros para o transporte da borracha, poucos vacuns e alguns lanígeros. É de propriedade do senhor José Roirã de Mendonça, sócio do importante comerciante sr. Agostinho Meireles.

Paramos aqui alguns minutos, prosseguindo logo depois, encorajadamente, a nossa viagem.

Das 2h15 às 2h30 passamos pelos seringais Fronteira de Canianã à BB, e Novo Triunfo à BE. O primeiro é de propriedade do sr. João Amarelo, e o segundo é pertencente ao sr. Pedro José de Sant'Anna, cognominado "Pedro Capella", cearense que comandou o grupo brasileiro no cerco de Santa Rosa.

Continuamos a nossa marcha animada, com o fim de chegarmos a Novo Lugar hoje mesmo.

A Comissão Peruana distanciara-se para trás.

Às 6h15, chegamos ao lugar em que estava encalhado o vapor *Santos Dumont*, e daí, apesar da escuridão que nos envolvia e das passagens difíceis que tivemos que vencer, chegamos às 7h30 da noite ao acampamento da Comissão Administrativa. Recebidos fomos cavalheiramente, os peruanos acamparam duas praias a jusante.

Impressionava mal o estado de "coma" do acampamento em que nos achávamos. Soldados impaludados, e muitos outros beribéricos, apresentavam-se pálidos e trôpegos.

Com essa observação triste terminou o dia 3.

Dia 4 de junho

Partiu para o lugar Refúgio uma lancha da Comissão Administrativa, o sr. Arnaldo Cunha, com o fim de trazer os gêneros da Comissão a que pertence, que ali foram deixados pela lancha peruana *Phenix*, a poucos hectômetros encalhada.

Esta viagem, cheia de peripécias e trabalhos, foi terminada no dia 6, ao meio-dia, conseguindo o sr. Arnaldo Cunha transportar todos os gêneros alimentícios pertencentes à Comissão de reconhecimeto que ali se achavam.

Dia 6 de junho

Foi ocupado com a aferição de instrumentos e arrumação de canoas.

O sr. engenheiro Euclides da Cunha oficiou ao sr. barão do Rio Branco e recebeu um ofício do capitão-tenente José Borges Leitão, pedindo-lhe que o dr. Thomaz Catunda aqui permanecesse, por algum tempo, até que o estado sanitário de seu acampamento melhorasse.

Este pedido foi atendido.

Dia 7 de junho

Saímos do lugar do acampamento da Comissão Administrativa às 7h35. A nossa marcha era lenta. Uma chuva miúda e persistente perseguia-nos. Diversos encalhes tivemos, até que às 11 horas chegamos ao lugar denominado Funil, nome derivado do aspecto do rio nesse trecho – muito semelhante ao de um funil.

Aqui estiveram ontem os peruanos que fazem parte da comissão que nos acompanha. Saltaram e estiveram muito tempo em terra, e depois de terem aqui deixado, sobre os restos mortais dos seus compatriotas, uma placa insultuosa aos brasileiros, fotografaram-se.

Este fato foi imediatamente levado ao conhecimento do governo brasileiro pelo sr. Euclides da Cunha.

Aqui a Comissão Brasileira contratou um remador, que se dizia ser também bom caçador e prático pescador, prosseguindo logo depois a sua viagem. Sem que pressentíssemos, acampamos na mesma praia, conjuntamente com a Comissão Peruana, em uma curva do rio. Só verificamos isto no dia seguinte, pelos sinais ali existentes e pelo nosso encontro, logo depois.

Dia 8 de junho

Durante todo o dia de hoje nenhuma ocorrência anormal houve. As observações meteorológicas foram feitas horariamente, passando os nossos cronômetros a serem conduzidos em embarcações brasileiras.

Dias 9 e 10 de junho

Nenhuma ocorrência extraordinária nestes dois dias.

DIA 11 DE JUNHO

Como as manhãs anteriores, a de hoje foi fria, úmida e "brumosa". Mais uma vez observamos nula a diferença psicométrica. Saímos às 6h30, depois dos preparativos costumeiros. A nossa marcha era grande, pois, além do encorajamento com que remavam os nossos soldados, o rio, em certos trechos, aparentava correr para as suas nascentes.

Efetuamos hoje duas passagens difíceis, em trechos do rio crivados completamente de paus. Adoeceram dois soldados de febre, que tiveram como curandeiro o engenheiro auxiliar. Ficaram logo completamente restabelecidos. Às 4h10 chegamos ao seringal Sobral, último ponto habitado por brasileiros.

DIA 12 DE JUNHO

Permanecemos neste lugar, onde se efetuou a lavagem das canoas, a beneficiação dos nossos gêneros alimentícios, a correção de alguns instrumentos, a aferição de outros, determinando-se, além disso, as coordenadas geográficas do lugar, bem assim a declinação da agulha magnética, achada igual a 6° 55' E . Um novo ofício foi dirigido ao sr. barão do Rio Branco pelo chefe da Comissão Brasileira.

DIA 13 DE JUNHO

Manhã fria, como as demais.

Saímos de Sobral às 6h35 em continuação à nossa viagem quando, cinco minutos depois, levamos forte pancada em um pau, no qual esteve montado, durante quinze minutos, o batelão que conduz os nossos cronômetros.

O levantamento continua a ser feito, como antes foi descrito, notando-se mais perfeita regularidade e uniformidade na marcha das canoas, com a prática que já manifestam os nossos remadores.

Às 7h40 passamos defronte de um sítio abandonado; às 9h45, pelo primeiro lugar habitado por peruanos; e, às 10h40, por um outro sítio igualmente desabitado.

Distanciamo-nos muito da comissão, a ponto de não acamparmos junto com os peruanos.

Entretanto, as nossas embarcações deixaram de andar às 5 horas em ponto. Tudo bem. À noite o dr. Euclides da Cunha observou a passagem de duas estrelas, para a determinação da latitude deste lugar de acampamento, observações que não deram resultados satisfatórios. À meia-noite, forte chuva desabou sobre nós, só recuando completamente às 6h15 da manhã.

Ninguém dormiu.

Dia 14 de junho

Só saímos às 7h10, porque estivemos à espera da Comissão Peruana. Demorando-se esta, foi ao seu encontro o sr. Arnaldo Cunha, que já a encontrou em marcha.

A chuva perseguia-nos sempre, miúda, incessante e em todos os sentidos. Um vento sem direção determinada, atuando sobre a cobertura das nossas canoas, muito prejudicava a sua marcha. Assim mesmo, penetrou-se na mata para explorar um istmo de 153 metros.

Mais tarde, avistamos um outro sítio, igualmente abandonado, de boa aparência e com plantio variado.

Peruanos dizem ser aqui o Nazareth e outrora situado ao lado do grande igarapé do mesmo nome.

A chuva continua perseguidora, sem permitir que as nossas roupas enxuguem. A temperatura diminuiu sensivelmente, estávamos em plena friagem, marcando o termômetro, às 10 horas da noite, 19° centígrados.

Não houve céu para observações astronômicas.

Dia 15 de junho

Despertamos cedo, com o cotidiano toque de alvorada feito pelo corneta da Comissão Brasileira. O termômetro indicava então, às 5h20, em escala centígrada, 14°,2'. Às 9 horas, apresentando-se muito clara a mata, à margem direita, o engenheiro Arnaldo da Cunha explorou-a na extensão de 800 passos, nada encontrando de anormal.

Houve felizmente sol e em profusão.

Diversas fotografias das embarcações peruanas e brasileiras foram tiradas, por ocasião das suas passagens nos trechos do rio crivados de pau.

Observamos hoje e registramos uma importante mudança no leito do Purus, que parece ter tido lugar posteriormente à passagem do eminente explorador britânico Chandless.

Nada de anormal.

Dia 16 de junho

O tempo começa a melhorar. Pelas 9 horas passamos pela boca de um grande lago, que muitos moradores afirmam ter sido, por ali, o antigo leito do rio. Examinaremos na volta este lugar.

O rio hoje apresentou-se em trechos variadíssimos, lugares surgiam largos e profundos, apareciam outros estreitos e baixos, variando além disso a sua velocidade de fraca a fortíssima correnteza.

Às 2h30 passamos pelo sítio Fortaleza, que hoje jaz em um completo abandono.

Às 5h30 acampamos.

À noite, o dr. Euclides da Cunha observou as seguinte estrelas: Alfa Crucis, Alfa e Beta do Centauro e Alfa Dragonis, não inspirando confiança as latitudes obtidas.

Dia 17 de junho

A madrugada foi fria e úmida.

Saímos às 6h10. Acampamos mais cedo porque a Comissão Peruana achava-se um tanto atrasada.

À noite observaram-se todas as mesmas estrelas da noite anterior, que não deram igualmente firmes e acordes resultados.

Dia 18 de junho

Apesar de ser domingo, saímos à hora costumeira.

Forte, expressa e demorada cerração houve pela manhã.

Mais tarde o sol apareceu abrasador.

Nada de anormal e digno de ser registrado.

Acampamos hoje mais cedo, não só pelo fato de ser domingo como ainda por causa de acharem-se atrasadas as embarcações peruanas.

Dia 19 de junho

Manhã menos nublada.

Prosseguia-se com o levantamento, do mesmo modo que foi citado anteriormente, bem assim as observações meteorológicas e as experiências sucessivas e cotidianas das velocidades das embarcações.

É digna de nota a diminuição sensível na largura do rio e a sua pouca profundidade relativa.

Já não é em qualquer praia que se encontra uma canoa carregada.

Dia 20 e junho

Dia quente. Logo nas primeiras horas da manhã, já o termômetro marcava alta temperatura.

Este dia destaca-se dos anteriores pelo calor.

À noite houve observação astronômica, de resultado ainda improfícuo.

Dia 21 de junho

Desacampamos às 6h20 e viajamos bem até a hora do almoço, que se efetuou em um tombo, a 300 metros a jusante do pequeno rio Shamboyaco e na mesma margem em que está situado este curso d'água. O auxiliar Arnaldo Cunha tirou fotografias do rio.

Constando-nos que o sítio denominado Catay distava a meio dia de viagem de subida, partimos resolutamente com o intuito de alcançá-lo ainda hoje.

A todo instante e nos extremos de todas as voltas do rio esperamos ver o sítio almejado.

Às 3h20, porém, com grande surpresa para todos, esbarramos diante de uma cachoeirita, que tomava toda a largura do rio. A única passagem possível era pela encosta da barranca, muito perto da margem direita e por entre os paus enormes que ali se empilhavam.

Foram retirados das embarcações os cronômetros, instrumentos vários, plantas e papéis de importância, para a passagem deste obstáculo natural, na qual se gastou exatamente uma hora. Vencida esta dificuldade, ainda mais corajosamente reatamos a nossa marcha, com o fim de alcançar Catay. Esforço inteiramente baldado. Acampamos em uma grande e alta praia, muito abaixo do sítio cobiçado, digo, desejado.

Dia 22 de junho

Distante estávamos, e muito, da Comissão Peruana, pois não acampamos juntos ontem. Os seus barcos, de maior tamanho, aumentaram certamente as dificuldades da passagem da cachoeira.

À hora costumeira, prosseguimos a nossa viagem, que correu normalmente.

Finalmente aparece Catay, às 2 horas da tarde, com aparência de completa tristeza e muito parca importância.

De longe, veem-se apenas duas barracas velhas, sobre uma terra alta esbarrada em uma curva do rio.

Chegados ali, vieram ao nosso encontro todas as autoridades locais: um oficial brasileiro, o sr. Antônio do Nascimento Linhares, comandante do contingente que acompanha a Comissão Administrativa, comandante peruano d. Luiz M. del Rico, subcomissário substituto e comandante do contingente peruano e o antecessor da Comissão Administrativa, comandante M. Bidoya, o sr. Osvaldo Carpancho, que há cerca de dois anos ocupava o cargo de comissário, por parte do governo peruano.

Gentilmente recebidos, fizemos em suas barracas a refeição da tarde.

Tanto o chefe, dr. Euclides da Cunha, como o auxiliar, Arnaldo da Cunha, achavam-se enfermos. Este conseguiu curar-se até o dia seguinte, ao passo que a enfermidade daquele prolongou-se por mais dois dias. Apesar disso, houve observações à noite de resultado aceitável.

Dia 23 de junho

Manhã agradável.

O sr. dr. Euclides da Cunha continuava adoentado, embora apresentando sensíveis melhoras.

Os soldados, durante todo o dia, estiveram cuidando de gênero e bagagens, embarcação e armamento.

O engenheiro Arnaldo Cunha determinou a declinação da agulha magnética, achada igual a 6º 45’ E .

Mais ou menos pelas 10 horas da manhã chegou a Comissão Peruana do Rio Branco, sob os cuidados do capitão-tenente José de Borges Leitão.

Dia 24 de junho

Despertamos todos ao som da alvorada, tocada pelas cornetas brasileiras, e preparamo-nos para prosseguir a nossa viagem.

Esta corria normalmente.

Estávamos muito na dianteira, e, por isso, resolvemos fazer parar as nossas embarcações um pouco mais cedo para o almoço, onde ficamos à espera da Comissão Peruana. Desavenças, porém grosseiras, entre o cabo do destacamento e o cozinheiro da comissão motivaram enérgica intervenção do sr. engenheiro chefe, prendendo e mandando amarrar ao primeiro e chamando seriamente à ordem o segundo.

Infelizmente, estas ordens acertadas não foram cumpridas como se esperava, graças à incompetência e à imbecilidade do sargento que nos acompanhava.

O próprio cabo amarrou-se, enquanto o sargento convidava em vão os soldados presentes para executarem a ordem recebida.

Demorando-se muito os peruanos, o dr. Euclides da Cunha foi pessoalmente ao seu encontro.

Esta demora dos nossos companheiros de lutas foi motivada por um grande encalhe que sofrera em um pau uma das suas embarcações maiores.

À noite, agravou-se o estado de saúde do dr. Euclides da Cunha, que foi prontamente melhorado com o medicamento proporcionado pelo sr. auxiliar.

Curiosa foi a alimentação do enfermo – caldo de macaco.

Dia 25 de junho

Saímos às 6h30, estando muitíssimo melhorado o dr. Euclides da Cunha. Continuamos a nossa viagem sem incidente algum. Os encalhes contínuos e as constantes pancadas nos paus já eram coisas costumeiras.

Às 10h15 passamos pelo primeiro sítio peruano, de regular importância. Este chama-se São João, com muitas barracas, quer de uma, quer de outra margem do rio, habitadas por índios pyros e peruanos "coretanos", que se dedicam exclusivamente ao fabrico de caucho. Aqui se compraram diversos panos encauchados para cobertura das nossas embarcações.

À noite observou-se a passagem de diversas estrelas, observações que foram diversas vezes interrompidas pela algazarra que fazia a nossa soldadeira. Foram diversas vezes chamados rigorosamente à ordem.

O temporal que ameaçava desabar desfez-se completamente.

Dia 26 de junho

Cedo despertamos e, logo cedo, tivemos que passar por grande contrariedade. Um soldado insubordinou-se. Sendo-lhe dada ordem de prisão pelo dr. Euclides da Cunha e, posteriormente, uma outra para que o recalcitrante insubordinado fosse amarrado, estas não achavam executores. Tal procedimento incorreto motivou uma terceira ordem enérgica. Resolvendo o dr. Euclides que o indisciplinado soldado descesse preso até Catay, onde ficaria à sua disposição e, entregue ao sr. alferes Linhares, os demais soldados acompanharam-no covardemente neste ato criminoso.

Todos voltaram então, e em número de cinco, com exceção apenas de um. Minutos depois, continuava a comissão a sua viagem, livre deste elemento entorpecedor da boa ordem e disciplina. Ficou então a Comissão Brasileira com sete trabalhadores unicamente, que de bom grado prosseguem.

Tudo correu normalmente.

Dia 27 de junho

A manhã de hoje foi clara e fresca. Logo cedo passamos por duas terras firmes muito altas. Avançamos lentamente e este avanço lento tem várias causas: o pessoal reduzido e já trabalhado, o grande calado das nossas embarcações para um rio seco, os inúmeros paus, os grandes baixos, a alimentação má etc.

Ainda conservamo-nos na dianteira.

Às 10h30 paramos para almoçar, de onde só saímos à 1h10 da tarde.

À noite houve observações astronômicas.

Dia 28 de junho

A manhã de hoje foi fria e de forte cerração. Saímos às 6h30. Foi hoje o dia em que tivemos maior número de encalhes e mais fortes abalroamentos em paus.

Às 12h20 paramos para almoçar debaixo de duas árvores frondosas.

Pelos troncos dessas árvores, enroscavam-se, quais verdes serpentes, longos cipós denominados apurys – alguns dos quais carregados de flores carmesins. Defronte, na margem oposta, esbeltas palmeiras de enormes folhas, semelhantes a gigantescos leques, ondulavam as carícias da brisa vespertina que começava a soprar. Às 2h30 reatamos a nossa marcha.

Hoje, grande número de abelhas persegue-nos muito. Não mordem; colam-se porém à pele úmida e agarram-se às roupas suadas sugando-lhes o suor.

Curioso este animal, e talvez o mais curioso de todos relativamente à fecundação, uma vez que sabem fabricar, ao seu bel-prazer, machos ou fêmeas, segundo os ovos são postos nos grandes ou nos pequenos alvéolos, e ainda abelhas-rainhas ou mestras, por meio das células reais.

Às 4 horas da tarde chegamos a Curanja, onde acampamos, na praia fronteira ao rio que dá nome ao lugar.

À noite houve observações de estrelas que permitiram a determinação de uma latitude aproximada.

Dia 29 de junho

Continuamos com as nossas observações meteorológicas feitas de hora em hora. Observou-se o sol pela manhã, repetindo-se igual observação à tarde.

O auxiliar sr. Arnaldo Cunha determinou a declinação da agulha magnética achada igual a 6°05' E e levantou a planta topográfica do sítio e rio Curanja. Durante a noite, o mesmo auxiliar esteve em companhia do fotógrafo peruano revelando chapas de ambas as comissões, trabalho que se prolongou até 2 horas da madrugada.

Dia 30 de junho

Em Curanja.

Os nossos trabalhos cotidianos não sofreram alterações. Houve observações do sol pela manhã, sendo oferecido às 11 horas do dia, pelos caucheiros peruanos de Curanja, um lauto almoço às duas comissões. O dr. Euclides, em feliz improviso, tirou inteligente partido da grande quantidade de bandeiras peruanas que havia na sala e de simples palmitos de cores amarelas e verdes, ali postos casualmente. Depois deste almoço percorremos as povoações que denotam uma grandeza extinta.

Assim terminou o dia de hoje, não havendo sol para as observações vespertinas.

Dias 1°, 2, 3 e 4 de julho

Durante estes quatro dias esteve gravemente doente de febres o auxiliar da comissão. As duas comissões permaneciam em Curanja, por causa das observações astronômicas.

O que entretanto correu de mais forte importância foram as notícias aterradoras trazidas por caucheiros peruanos vindos de cima. O dr. Euclides da Cunha oficiou ao sr. barão do Rio Branco. Lavrou-se uma ata com as coordenadas achadas pelos dois chefes comissários e com o resultado do estudo e comparação cronométrica.

Dia 5 de julho

O sr. auxiliar Arnaldo Cunha, apesar de doente, prosseguia a sua viagem, achando-se disposto para partida quando foi esta adiada para o outro dia, em virtude da discordância que houve no resultado das observações astronômicas, obtidas pelos dois chefes comissários.

Procedeu-se então a novas observações, lavrando-se ata.

Dia 6 de julho

Saímos muito cedo de Curanja para as cabeceiras do Purus. Espessa e demorada cerração envolveu-nos até as 7h30 da manhã.

Possuíamos, então, dois grandes batelões, impróprios completamente para viajarem em um rio completamente esgotado, como então se achava o Purus.

Os peruanos conseguiram aqui trocar os seus batelões por duas boas ubás.

Entretanto, andamos muito ainda hoje.

A noite foi fria e chuvosa.

Não houve céu para observações.

Dia 7 de julho

Nada de anormal.

Perseguiu-nos todo o dia uma chuva miúda e incessante.

Dão aqui a esta chuva o nome de chuva de peixes.

Realmente notei hoje que, de vez em quando, peixes de cor cinzenta apareciam na superfície das águas e depressa desapareciam nas profundezas líquidas, quer por curiosidade ou afoitamento, quer para dar caça aos carapanãs, piolhos d'água e outros insetos que vivem em contradança doudejante na superfície das águas.

Não houve céu para observações.

Dia 8 de julho

Despertamos muito cedo e fomos os primeiros a partir. Nada de anormal.

As pancadas nos paus e encalhes nos baixos sucediam-se com frequência. À noite, observou-se com resultado satisfatório Alfa do Centauro para latitude, sendo impossível a observação de Vega para longitude.

Dia 9 de julho

Muito cedo despertamos e fomos ainda os primeiros a partir.

A princípio estávamos na frente, mas um falso canal do rio pelo qual nos enterramos obrigou-nos a retroceder em procura do caminho verdadeiro.

Passamos então a ser os últimos, de primeiros que éramos.

Passamos pelo pequenino rio Santa Cruz e, meia hora depois, pelo sítio de igual nome. O curso d'água fica à margem direita, ao passo que o sítio Santa Cruz está à margem esquerda.

Muitas mulheres peruanas residem ali. Os peruanos partiram cinco minutos antes de nós. Nada de anormal houve.

Dia 10 de julho

Cedo despertamos. Apesar disso, os peruanos partiram antes de nós, guardando sempre o avanço alcançado.

Na hora do almoço reunimo-nos.

Daí em diante obtivemos a dianteira, que foi custosamente mantida até a hora do acampamento.

Muito andamos hoje.

Adoeceu novamente de febres o auxiliar da comissão, que assim mesmo continuou a sua viagem sem embaraço absolutamente algum para o trabalho da comissão.

Acampamos em uma praia muito úmida, onde se observaram as seguintes estrelas: Alfa do Centauro para latitude e Vega para longitude.

Dia 11 de julho

Manhã fria entre as mais frias.

Forte cerração envolvia-nos completamente. Foi entretanto hoje um dos dias em que saímos mais cedo, às 5h40.

O estado da nossa gente já não era lisonjeiro.

Além de muito trabalhada e mal alimentada, tinham algumas pessoas os pés rachados e inchados e outras apresentavam as mãos chagadas.

A fadiga era, porém, geral.

A impropriedade das nossas embarcações agravava extraordinariamente a nossa situação.

Já era com extraordinário esforço da nossa gente que conseguíamos acampar juntamente com os peruanos.

Nesta fase, porém, é justo declarar que os membros da Comissão Peruana foram sempre muito gentis para conosco.

Sempre nos esperavam.

Árvores floridas ornavam as margens do rio no trecho percorrido hoje. Passamos pelo importante sítio denominado Cocama, habitado exclusivamente por peruanos e alguns selvagens trabalhadores do caucho.

A Comissão Peruana conseguiu aqui mais uma embarcação ligeira, ficando assim perfeita e completissimamente preparada para a viagem que estamos efetuando em quadra tão imprópria. Cocama tem muitas casas e grande número de habitantes, como consta da estatística que organizamos.

A plantação certa é a banana, macaxeira (yuca) e batã.

A banana é para os peruanos o que a farinha é para os brasileiros.

Aqui almoçamos e partimos logo, sem os peruanos, que ainda se demoraram por causa das trocas de embarcações.

Por isso acampamos sós.

À noite não houve observações astronômicas.

Dia 12 de julho

A manhã de hoje foi uma das mais úmidas que temos tido.

Mais uma vez foi nula a diferença psicométrica.

Saímos um pouco mais tarde.

Espessa cerração envolvia-nos, não permitindo distinguirem-se bem os objetos a mais de 30 metros afastados.

Tudo se passou normalmente.

Dia 13 de julho

Úmida como a anterior foi ainda a manhã hoje. Muitos encalhes tivemos logo nas primeiras horas de viagem.

Chegamos às primeiras casas do sítio Independência, depois de termos passado por uma ilhota e uma quebrada que têm o mesmo nome do sítio acima citado.

Deste ponto até as últimas casas do sítio Independência, gastamos horas mediando entre este trecho, uma praia comprida crivada de paus e onde o rio corre impetuosamente.

Aqui acampávamos para almoçar, quando chegou a Comissão Peruana.

Logo depois prosseguimos sem novidade alguma até a hora da parada para o repouso noturno.

Dia 14 de julho

Nunca presenciamos manhã tão fria e úmida como a de hoje. Tudo corria normalmente. Entretanto, as desavenças pequeninas que até então existiam entre o d. Pedro Buenaño e o dr. Euclides da Cunha aumentavam diariamente. Almoçamos um pouco acima do sítio Shamboyaco. À noite, veio ao nosso acampamento d. Nicolas Zavala comunicar e prevenir para que nos acautelássemos dos selvagens, que estavam fazendo correrias, lá para as cabeceiras, conforme as últimas notícias recebidas. Organizou-se então um serviço de guarda aos acampamentos.

Dia 15 de julho

Saímos um pouco mais tarde. A nossa gente, dia a dia mais enfraquecida e adoentada. A Comissão Peruana saiu antes de nós, prometendo esperar-nos mais adiante.

Efetivamente estavam à nossa espera em Cinco Reales, sítio habitado exclusivamente por selvagens.

Neste lugar os srs. dr. Buenaño e dr. Euclides da Cunha tiveram forte troca de palavras, que perdurou por algum tempo.

Reatamos, uma hora depois, a nossa viagem, que foi muito trabalhosa até a hora do acampamento, 7h5 da noite.

Houve à noite observações astronômicas.

Dia 16 de julho

Nada de anormal, além das dificuldades costumeiras.

Passamos às 6h20 da noite por um outro sítio exclusivamente habitado por selvagens, ao qual dão o nome de Arybiutiuia.

Dia 17 de julho

Tivemos hoje uma alvorada de gritos.

Muito cedo saímos. Tempestade inclemente persegue-nos, porém, durante todo o dia. O nosso almoço foi rápido. Os peruanos continuavam sempre na frente, tendo sempre a gentileza de esperar por nós. Nunca saíam do ponto em que almoçavam sem avistarem uma embarcação nossa.

Viajamos até as 7h20 da noite.

Não houve observações astronômicas.

Dia 18 de julho

Saímos um pouco mais tarde.

Logo cedo encontramos uma ubá tripulada por índios.

Era gente do sr. d. Carlos Sharff.

Almoçamos apressadamente e prosseguimos logo a nossa viagem.

Pela 1h30, vimos morta, em uma barranca, uma índia campa. A história deste assassinato é muito evasiada.

Minutos depois surge uma corredeira, que nos deu alguma dificuldade para ser vencida.

As primeiras casas que encontramos são todas habitadas por selvagens. Finalmente chegamos ao sítio Alerta, na forquilha Cujar-Curiuja. É aqui a morada habitual do sr. d. Carlos Sharff, o mais importante caucheiro peruano. Aqui hospedou-se com este distinto cavalheiro o sr. dr. Euclides da Cunha.

Dias 19, 20, 21, 22 e 23 de julho

Continuamos na confluência Cujar-Curiuja, onde o sr. auxiliar iniciou a construção do trecho levantado, a começar de Curanja.

Diariamente efetuavam-se observações astronômicas e meteorológicas.

O sr. Arnaldo Cunha determinou também a declinação da agulha magnética.

Uma grande infâmia foi cometida aqui pelo cozinheiro da Comissão Brasileira que em companhia de um soldado também brasileiro e depois de terem roubado diversos gêneros da comissão dirigiram-se para as barracas de índias vizinhas com fins libidinosos.

Uma justa queixa foi feita pelas preceptoras das jovens índias que foram atentadas em seu pudor.

"Até aqui este diário foi copiado pelo engenheiro Arnaldo Pimenta da Cunha, continuando eu daqui por diante a copiar as notas do mesmo engenheiro."

Dia 24 de julho

Pela noite de 23, dois homens do comandante Buenaño estavam procurando a bela índia Barbarari.

Partimos hoje da forquilha e vamos pelo Curiuja afora, propomo-nos a verificar para onde vai e com que velocidade marcha o "ex-Purus", que acaba de perder tal nome. Fez-se uma ata sobre os estados absolutos dos cronômetros peruanos e brasileiros, dos seus movimentos e da hora média sobre Greenwich de cada um destes cronômetros. Depois de embarcado do cronômetros e comparados os cronômetros padrão brasileiro e com o estandarte peruano, iniciou-se a nossa viagem. Cinco minutos depois da partida, um encalhe, e outros cinco minutos depois tivemos que atravessar uma cachoeirita. Ziguezagueamos até a hora do almoço, que foi muito rápido. Demoramo-nos apenas trinta minutos. À 1 hora da tarde mais ou menos tivemos que lutar com a passagem de uma segunda cachoeira, muito mais forte de correnteza que a primeira. Assim continuamos a viagem com os incidentes costumeiros. Os encalhes às dezenas e as montadas em paus em grande número. À tardinha encontramos uma ubá com cerca de oito pessoas, peruanos e índios. Acampamos em uma praia muito úmida à margem direita. Dispôs-se tudo para a dormida. Observamos os cronômetros e às 10 horas da noite observamos Vega.

O dr. Euclides, que mandara fazer a barraca muito próximo do mato, começou a sentir medo de cobra. Foi preciso, para tranquilizá-lo, que se mandasse colocar um pano daquele lado e colocar sob o seu travesseiro um vidro com sublimado.

Dia 25 de julho

Manhã muito fria como são todas as manhãs de Curiuja. Muito mais do que a do Purus nos seus dias frios. Saímos às 6 horas em ponto. Faziam-se de hora em hora as observações termométricas, barométricas e psicométricas. Muitos encalhes, seis cachoeiras e diversas esbarradas em paus. Atravessamos também uma ilhota. À tardinha vimos atravessar de uma margem para outra um quati. Atirou-se porém em vão. Minutos depois avistamos uma anta, três ou quatro tiros também baldados. Já era noite quando chegamos ao lugar em que estavam acampados os peruanos. O dr. Euclides teve forte discussão com d. Pedro Buenaño. Discutiram sobre a viagem; sobre o fato da impossibilidade de prosseguirem os nossos batelões; sobre a proposta de continuar unicamente o chefe brasileiro; sobre a nossa demora; sobre a ata do Curanja; e principalmente sobre aquela que deviam ter lavrado na forquilha. Depois do jantar, que consistia de peixe, arroz e macaxeira, fomos observar Vega duas vezes – cedo para longitude e na hora da culminação para latitude.

Dia 26 de julho

Acordamos e saímos um pouco mais tarde, 6h30. Manhã agradável. Muitíssimos encalhes, muitas montadas em paus e a passagem do primeiro rápido atrasaram um pouco a nossa marcha. Assim mesmo avançamos muito, segundo o mapa de Chandless. No primeiro rápido a nossa passagem foi difícil. Saltamos todos, os batelões passaram puxados a corda. A corda do nosso batelão partiu-se, o que ia ocasionando perigo sério. Felizmente foi sustado na marcha rápida da descida pelo José Francisco, única pessoa que ali se achava guiando-o. Meia hora perdemos nesta paragem; vencida esta dificuldade, tivemos que lutar com a passagem de outras cachoeiras. Os peruanos acamparam cedo e, como nos adiantamos um estirão, ainda chegamos com dia ao ponto de seu acampamento.

Dia 27 de julho

Manhã muito agradável. Muito pouca cerração. Depois dos preparativos costumeiros iniciamos a nossa viagem penosa.

Encalhes enormes tivemos e grande número de cachoeiritas, umas de passagem difícil, outras de passagem regular. Atravessamos uma delas, a trigésima, que era violenta e compunha-se de quatro degraus, é o segundo rápido de Chandless. Avançamos entretanto regularmente, apesar desta série de dificuldades. Acampamos à noitinha, conjuntamente com os peruanos em uma praia a jusante da 34ª cachoeira. À noite o comissário peruano esteve no nosso acampamento e os soldados peruanos cantaram o hino de sua pátria. Não observamos, porque a Vega não pôde ser vista do local em que estávamos.

Dia 28 de julho

Acordamos um pouco mais tarde. Os peruanos logo cedo repetiram o hino pátrio, e, quando estes terminaram, nós, brasileiros, saudamo-los com três descargas consecutivas. Depois de tudo pronto fomos os primeiros a sair e logo aos cinquenta passos tivemos que vencer a 34ª cachoeirita, que foi justamente a que nos deu mais trabalho, além do segundo rápido. O batelão dos gêneros passou com mais facilidade que o nosso. Vencida esta dificuldade, prosseguimos corajosamente. Cachoeiras outras apareceram e em número de sete, sendo que esta última foi a mais forte de todas. Os peruanos não contavam que nós pudéssemos prosseguir por causa das nossas embarcações e do nosso pessoal reduzido, e tanto assim pensaram que acamparam logo depois deste obstáculo. Foi, portanto, com geral surpresa que eles nos viram chegar às 4 horas da tarde. Não pudemos observar porque Vega estava oculta atrás de uma árvore.

DIA 29 DE JULHO

Acordamos mais tarde, como de costume e desde que estamos viajando neste Cujar. Para vencermos a cachoeira que se achava a montante, há uns 50 metros, retiramos o *kulberg*, a bússola, os livros e o chapéu de sol grande. Depois de vencido este obstáculo, continuamos a nossa viagem, e hoje foi certamente o dia em que encalhamos mais. Tivemos tantos encalhes e tão grandes que em cinco deles foi preciso que o auxiliar caísse na água. Acampamos muitíssimo cedo e acima da quinquagésima cachoeira, em uma praia alta, à margem esquerda. À noite trabalhamos Vega para longitude e mais tarde para latitude.

DIA 30 DE JULHO

Madrugada muitíssimo fria. Saímos à hora costumeira e logo depois tivemos que vencer uma cachoeira, a 51ª, onde passamos com mais facilidade do que os peruanos. As nossas embarcações gastaram apenas dez minutos. Continuamos assim a nossa viagem com os empecilhos iniciais. Muita falta d'água. Encalhes a toda hora. Tivemos que atravessar hoje uma cachoeira, segunda em violência de todas que temos até agora atravessado. Os peruanos não esperaram por nós na hora do almoço. Só os encontramos na hora de acampar na foz do Cavaljani. Ficamos um pouco a jusante, embora na mesma praia. À noite confereciaram o dr. Euclides e o chefe peruano sobre o modo da viagem no Cavaljani. D. Buenaño, tendo conseguido canoas *chiquititas* do correio de Iquitos, veio receber instruções do chefe brasileiro, e mais uma vez repetia: "*Yo passo, le garanto usted no passe*". Observamos Vega. Conseguimos dos peruanos duas ubás, as maiores que eles possuíam e que deixaram aqui na confluência, por causa da impossibilidade de avançarem com elas.

DIA 31 DE JULHO

Acordamos cedo. Dispôs-se para a viagem nas ubás. Cerca das 11 horas partimos, muito antes dos peruanos. O Cavaljani na sua foz apresentava-se com uma ou duas polegadas d'água e assim conservou-se até a extensão de 800 metros. O esforço que empregava a nossa gente para vencer este obstáculo era grande. Além disso, estavam desanimados, sendo preciso o auxiliar tirar as botinas e lançar-se na água, trabalhando igualmente com eles, ombro a ombro, puxando na mesma corda em que seguravam, animando-os, encorajando-os, até que conseguimos finalmente, depois de uma luta titânica, vencer este obstáculo. O dr. Euclides mais adiante fez o mesmo. Resolvemos então deixar neste lugar a ubá maior que trazíamos, instrumentos e gêneros sob a guarda do sargento. Prosseguimos então na ubá menor, levando somente o que era estritamente indispensável. Foi incumbido do levantamento desse rio o auxiliar Arnaldo da Cunha. Impossível inteiramente era efetuá-lo em canoa e ainda mais impossível se tornava por água, digo, terra. Resolveu então o auxiliar prosseguir pelo eixo do rio, contando o número de passos que percorria. Que trabalho fatigante! A fim de que esse levantamento não ficasse defeituoso, era ele obrigado a seguir pelo rio a direção da visada feita, resultando daí dificuldades enormes. Ora um poço de 4 a 5 metros apresentava-se diante dele, sombrio, esverdeado, sujo e de uma tranquilidade completa. Ora cachoeiras tormentosas impediam por completo a passagem, com o seu solo macadamizado de agudas e escorregadias pedras. Ora tendo forçosamente que observar de um ponto de uma das margens, este estava situado em um terreno extraordinariamente alagadiço. Ora só sendo permitida a passagem por terra, esta apresentava-se com todas as dificuldades. Despenhadeiro escorregadiço, espinhos e mata cerrada. Houve duas passagens destas que o fizeram desanimar. Salvaram-no, porém, em uma delas, as importunas caliandras, em cujos galhos andou dependurado, tendo, assim, atravessado este trecho perigoso. Uma verdadeira travessia de quadrúmano. Todos os que iam pelo rio lutaram extraordinariamente. O Octávio passou a nado. O sr. Wertoff, em idênticas condições, prendendo nessa passagem o sabre e o rifle. O ajudante da Comissão Peruana passou por terra. O auxiliar Arnaldo não podia molhar o paletó, onde tinha papéis de importância, inclusive a caderneta do levantamento. Ninguém acreditava que ele pudesse passar levando ainda consigo uma bússola prismática e o tripé respectivo. Esforço terrível era o que ele fazia, andando pelo eixo do rio. Além da umidade, além do caminho crivado de paus e pedras, além dos espinhos e barrancos, tinha que vencer a correnteza da água. À noite observou-se.

Dia 1º de agosto

O caminho estava melhor. Os poços escasseavam-se e quando se apresentavam eram com menos fundo. Andamos regularmente até a hora do almoço, apesar da chuva insistente que caía. Este efetuou-se em um barranco fronteiro à praia em que almoçou d. Buenaño. Esperamos três horas no nosso ponto a chegada de d. Zavala, depois da qual prosseguimos a nossa viagem. O auxiliar continuou o levantamento pelo eixo do rio e o dr. Euclides viajava na ubá. Acampamos e à noite observamos. O açúcar havia acabado no café do almoço e o arroz que possuíamos só chegava para o dia seguinte. Começamos a ter meia ração.

Dia 2 de agosto

Cedo, às 6 horas, começou o trabalho penoso. O caminho tornou-se melhor para o auxiliar, porém pior para as canoas. Nenhuma contrariedade até a hora do almoço, além da chuva forte que desabava sobre nós. Acampou-se cedo por causa da chuva em um barranco à margem direita, onde almoçamos debaixo de um guarda-chuva. Comemos aqui o resto do arroz que possuíamos com carne-seca. Prosseguimos depois até a hora do acampamento. D. Zavala, não podendo efetuar o levantamento até esse local, teve que voltar atrás, cinco praias, no dia seguinte. Não observamos por causa do tempo. Desde que viajamos foi, o de hoje, o pior local que tivemos para acampamento.

Dia 3 de agosto

Começamos cedo, mais cedo do que nos dias anteriores, o levantamento. O caminho muito melhorado permitiu ao auxiliar acampar no ponto do almoço, vinte minutos depois da chegada do chefe. O almoço foi sofrido. Carne-seca com dezenas de grãos de arroz que por acaso ficaram numa lata. O auxiliar prosseguiu logo com o levantamento, e na frente, a fim de informar-se com o comandante Buenaño do caminho do varadouro. Este achava-se almoçando defronte do Pucani, pequeno rio que vai ter no varadouro. Chegando o dr. Euclides, indagaram do caminho e imediatamente seguiram, entrando no Pucani a pé. O dr. Euclides e quatro homens iam na frente, e o auxiliar com um outro, um pouco mais atrás, por causa do tempo que demandava o levantamento. Todos os caminhos encontrados foram explorados, embora em pequena extensão, os quais, com exceção de quatro, são simples caminhos para evitar a passagem pelos poços do rio. Entramos no Pucani às 12h55. Às 3 horas chegamos ao começo do varadouro.

O auxiliar prosseguiu com o levantamento do varadouro e quando faltavam alguns passos para chegar ao fim encontrou o dr. Euclides, que já voltava. Voltaram então todos por causa do adiantado da hora, deixando o dr. Euclides no tombo final uma declaração e o Manoel colocou como sinal uma pedra dentro de um pau. Estavam todos cansadíssimos. O dr. Euclides, para voltar, veio apoiado no braço do auxiliar. Observamos Vega quando esta observação foi completamente interrompida por uma árvore. Nada de índios. Nem o menor vestígio. Dispôs-se tudo para a descida, que efetuou-se às 9 horas do dia.

Dia 4 de agosto

Parava aqui este diário.

Manaus, 12 de novembro de 1905.

Antônio Carlos Cavalcante de Carvalho

Dia 20 de agosto

Hoje chegaram a este lugar (Maniche) as duas Comissões Mistas de Reconhecimento do Alto Purus. Desde 16 do corrente que aqui se achavam. Após a chegada da Comissão Brasileira, oficiei ao chefe da mesma, sr. dr. Euclides da Cunha, fazendo-lhe a entrega do batelão carregado de gêneros que trazia, e ao mesmo tempo comunicando-lhe ter alugado uma ubá para transporte de víveres, por ser impraticável à navegação o batelão que trouxe, devido à escassez d'água e ao grande calado deste. Verificada a quantidade de gêneros que tínhamos e a posse da ubá, conforme o recibo que apresentei e o contrato do aluguel, que de novo fui reforçar com a proprietária, resolveu o dr. Euclides oficiar ao comandante Buenaño declarando que estava disposto a voltar a fim de sulcar o Curiuja, visto ter cessado o principal empeço, que era a falta absoluta de gêneros e uma ubá com que pudesse sulcar aquele rio. O comandante Buenaño, por sua vez, respondeu a este ofício dizendo que estava disposto a voltar, porém precisava de víveres, e este só podia obtê-los em Curiuja. O dr. Euclides removeu esta dificuldade, dizendo que cedia a metade dos víveres que possuíamos, os quais davam para um mês, para ambas as comissões. À tarde, porém, fui surpreendido pela proprietária da ubá, que, industriada por alguém, talvez, me disse não poder mais alugar a dita embarcação por precisar da mesma e, insistentemente, quis me devolver os vinte soles de aluguel, o que absolutamente não aceitei. Neste sentido oficiei ao dr. Euclides narrando o sucedido a fim de que tomasse as providências que julgasse convenientes. Este por sua vez oficiou ao comandante Buenaño narrando o fato sem comentá-lo. Houve então uma troca de longos ofícios, o comandante Buenaño disse que talvez em Cocama se conseguissem ubás, porém foram baldados os esforços até Curanja, onde o nosso chefe desistiu de procurá-las daí por diante. Assim se encerrou este incidente.

Maniche é uma pequena povoação peruana situada à margem direita do Purus; compõe-se de um barracão e quatro barracas. Bem em frente existe o rio Maniche, de onde provém o nome desta localidade. Como todas as povoações peruanas, possui grande bananal, grande quantidade de mamões, por eles denominados papaia, e também plantação de mandioca, que eles chamam *yuja*. Possui umas sessenta pessoas que se empregam exclusivamente na extração do caucho. Um dos proprietários do lugar é o sr. Juan A. Rodrigues.

Esqueci-me de registrar que neste ponto é que encontrei com as comissões mistas, Brasileiro-Peruana, que vinham da baixada das cabeceiras.

Dia 21 de agosto (regresso)

Partimos de Maniche às 7h30 da manhã. Antes de partirmos, o Arnaldo teve uma longa conferência com o comandante Buenaño a respeito de um ofício que o nosso chefe lhe tinha enviado. As relações de cordialidade e diplomáticas entre os dois chefes brasileiro e peruano acham-se bastante estremecidas. Passamos em frente a Santa Lúcia às 9h30 da manhã, e em Independência às 9h55, existe aí uma ilha e um igarapé do mesmo.

Infelizmente, o engenheiro Leme, que encontramos em Maniche, onde lhe confiei de novo os apontamentos diários, não teve tempo de completar as suas notas. Interrompeu o serviço em Manaus para cuidar da cópia do nosso relatório e faleceu quando realizava este serviço. Entretanto esta mesma página perfeitamente autêntica terá o grande valor de esclarecer bem o incidente de Maniche, do qual já tratei em outras comunicações.

Rio, 20/2/1906
Euclides da Cunha

EUCLIDES E A AMAZÔNIA

ARQUILAU DE CASTRO MELO[1]

Até a metade do século XIX a Amazônia era uma região conhecida apenas por meio de mitos: das índias guerreiras nuas; dos botos que à noite deixavam os rios, transvertidos de homens, para participar das festas e engravidar as mulheres; do mapinguari, uma criatura descomunal, misto de homem e macaco, com um só olho no meio da testa, que se alimentava das cabeças dos caçadores.

Os estrangeiros foram os primeiros pesquisadores a chegar à região. Um deles, o cientista francês La Condamine[2], em missão delegada pelo governo de seu país, intencionava averiguar se, de fato, a terra era alongada, como defendiam os franceses (Descartes, entre eles), ou achatada, conforme a teoria de Newton. A expedição francesa, chefiada por La Condamine, objetivava medir o diâmetro da linha do Equador para definir a configuração da Terra.

Em 1744, já no Equador, o pesquisador desceu pelo rio Amazonas até Belém. Conheceu a borracha – manipulada pelos índios na fabricação de pequenos objetos – e, ao vislumbrar seu alto valor industrial, tratou de divulgá-la na Europa. Contudo, a exploração daquele produto, como ativi-

1 Desembargador do Tribunal de Justiça do estado do Acre.

2 Charles Marie de La Condamine (1701-1774), cientista e explorador francês, realizou várias expedições pelo mundo; entre elas a missão para o Peru e a Bacia Amazônica (1735-1744).

dade econômica, só teve início com a Revolução Industrial, que começou na Inglaterra e logo se difundiu por toda a Europa e os Estados Unidos.

A borracha natural sustentou um dos mais importantes ciclos de desenvolvimento do Brasil, entre a metade do século XIX e a segunda década do século XX, alcançando seu apogeu após a descoberta do processo de vulcanização – pelo cientista americano Charles Goodyear (1800-1860) –, que a tornava resistente às variações de temperatura. A descoberta possibilitou, por exemplo, a fabricação de pneus e o desenvolvimento da indústria de processamento da borracha.

Visando atender à demanda do mercado internacional pela goma elástica, estabeleceram-se em Manaus e Belém empresas aviadoras – casas comerciais que forneciam mercadorias aos seringalistas, que as revendiam aos seringueiros –, que recebiam a borracha produzida nos seringais como pagamento.

Além de fornecer mercadorias, as casas aviadoras financiavam os seringalistas, emprestando-lhes dinheiro para a aquisição de mão de obra, que à época era farta e barata e podia ser encontrada nos estados nordestinos que enfrentavam grandes períodos de estiagem.

Cerca de 100 mil homens nordestinos (as mulheres eram deixadas em casa) foram trazidos à região em condições subumanas, mediante promessas de retornarem ricos para suas casas, após pouco tempo na Amazônia. Metade deles morreu, antes mesmo de chegar aos seringais, vítima de varíola, malária e tuberculose.

O governo da Bolívia, diante da prosperidade da região, reivindicou a propriedade das terras que viriam a constituir o estado do Acre, apesar de, já naquela época, o território ser ocupado quase exclusivamente por brasileiros.

O Brasil, que tinha como presidente (1898-1902) o paulista Campos Sales (1841-1913), baseado nos tratados internacionais firmados pela monarquia, reconheceu que a área pertencia, de fato, à Bolívia, chegando a apoiar a instalação de um escritório aduaneiro boliviano para a cobrança de impostos sobre a borracha produzida pelos brasileiros.

A sobretaxa da borracha contrariava os interesses das empresas aviadoras de Belém e Manaus, que passaram a receber um produto mais caro para a exportação. O governo do Amazonas, às escondidas, passou a fornecer armas e munições aos seringalistas para que expulsassem os bolivianos. Em duas oportunidades, coagidos pelos brasileiros, foram eles expulsos, para logo depois retornarem, com o apoio decisivo do governo federal, que não considerava legítima a pretensão dos brasileiros de anexar aquele território ao Brasil.

A indiferença do governo federal levou os seringalistas, após sucessivas vitórias contra as forças regulares da Bolívia – a última delas comandada pelo gaúcho Plácido de Castro (1873-1908) –, a declarar o Acre nação independente.

A divulgação pela imprensa de que o governo boliviano arrendara as terras em conflito para uma companhia colonial britânico-estadunidense, o Bolivian Syndicate, comprometendo-se os Estados Unidos a auxiliar a Bolívia na defesa de seus direitos sobre o território, inclusive com emprego de armas, levou a opinião pública a pressionar o governo por uma solução favorável aos brasileiros. Só então o Brasil veio a se interessar pela causa dos seringueiros, assinando com a Bolívia o Tratado de Petrópolis (1903).

O tratado, contudo, não resolveu, definitivamente, os conflitos na região, pois o Peru, além de não reconhecer os limites acertados entre os dois países, instalou, na foz do Chandless e na foz do rio Amônia (afluente do Juruá), dois postos alfandegários, visando sobretaxar a borracha em território que julgava seu e que tinha como destino os portos de Manaus e Belém, de onde era exportada para os Estados Unidos e a Europa.

Além de instalar os escritórios alfandegários, o governo peruano passou a estimular seus cidadãos a ocupar as bacias do Purus e Juruá, fomentando a exploração do caucho, uma árvore que também fornecia o látex. Não tardou e logo reiniciaram os conflitos territoriais, desta vez entre caucheiros peruanos e seringueiros brasileiros. As batalhas se intensificaram com escaramuças que faziam vítimas dos dois lados.

Do Rio de Janeiro, Euclides da Cunha acompanhava esses acontecimentos com certa apreensão. Em 14 de maio de 1904 publicou um artigo em *O Estado de S. Paulo*, "Conflito inevitável", pontuando que:

> *As incursões peruanas não denunciam apenas a avidez de alguns aventureiros doidamente ferretoados da ambição que os arrebata às paragens riquíssimas dos seringais. São mais sérias: são quase um expressivo movimento histórico, desencadeado com uma finalidade irresistível. Não as determinam apenas as energias sociais instáveis e dispersivas*

da república sul-americana mais malignada pela caudilhagem, senão as mesmas leis físicas invioláveis de toda aquela zona.

Na visão do escritor, o governo peruano estimulava os caucheiros a ocupar o Purus e o Juruá, com a finalidade de encontrar uma saída, por aqueles rios, para o Oceano Atlântico.

Uma semana após a publicação de seu primeiro artigo, voltou a escrever outro, intitulado "Contra os caucheiros", no qual criticava a movimentação de tropas brasileiras para enfrentar os peruanos: "A remessa de sucessivos batalhões para o Alto Purus – movimento de armas recordando um começo de guerra declarada – parece uma medida elementar de previdência... É um erro".

Para ele, uma eventual guerra com o Peru seria mais desastrosa e mais difícil de ser vencida do que aquela em que o país enfrentara o Paraguai:

Se contra o Paraguai, num teatro de operações mais próximo e acessível, aliados às repúblicas platinas, levamos cinco anos para destruir os caprichos de um homem – certo não se podem individuar e prever os sacrifícios que os imporá a luta com a expansão vigorosa de um povo.

Quando o governo brasileiro, juntamente com o do Peru, anunciou que iria organizar duas comissões mistas para reconhecimento da região litigiosa, Euclides da Cunha – já membro da Academia Brasileira de Letras e gozando de certa reputação por sua obra *Os sertões* – se ofereceu para participar de uma daquelas expedições, encarregadas de verificar até onde, de fato, a exploração era feita por "caucheiros peruanos" e "seringueiros brasileiros", a fim de estabelecer, definitivamente, os limites entre os dois países, utilizando o velho e consagrado princípio de direito internacional, o *uti possedetis* (quem possui de fato deve possuir de direito).

O escritor pretendia mostrar a Amazônia com um viés científico, espancando os mitos que os primeiros exploradores estrangeiros difundiram mundo afora. Os conhecimentos científicos que expôs em *Os sertões* seriam, com certeza, novamente explorados no livro que prometera escrever, com o título bastante sugestivo: *Um paraíso perdido*. Tal propósito não se concretizou, foi assassinado prematuramente.

As impressões que deixou em ensaios, artigos e crônicas a respeito da região revelam que seria de fato um livro vigoroso, "vingador", como chegou a denominá-lo em cartas aos amigos.

A literatura sobre a Amazônia, até então, era predominantemente estrangeira, fato que incomodava Euclides, um republicano convicto. Além da pretensão de conhecer a região, ele tinha curiosidade em ver como o sertanejo, que ele a princípio discriminara e depois exaltara em *Os sertões*, se adaptava a lugar tão inóspito.

Foi, sem dúvida, o primeiro brasileiro a ler, com profundidade, a Amazônia. Muito embora não tenha legado o seu segundo livro "vingador", sob o argumento de que precisava de tempo ("se escrevesse agora esboçaria miniaturas do caos"), fixou conceitos que se revelam verdadeiras obras de arte, tais como: "A natureza ainda parecia molhada pelas últimas tintas da criação, e então chega o homem 'sem ser esperado nem querido' e a surpreende em 'opulenta desordem'".

A sua estada na região coincidiu com o período em que a Amazônia, especificamente o Acre, ainda sustentava, com o café dos paulistas, um ciclo de desenvolvimento econômico brasileiro que teve fim com a derrocada da borracha brasileira, substituída pela produzida pelos ingleses, que daqui levaram as sementes da seringueira para as suas colônias na Ásia, passando a cultivar a árvore de forma racional, e não aleatoriamente como encontrada na natureza.

Sobre os seringais, Euclides concluiu que se tratava da "mais imperfeita organização do trabalho que ainda engenhou o egoísmo humano". Pressentiu que, da forma como eram explorados, não teriam futuro e propunha um plantio racional das árvores. Foi, por sinal, o que fizeram os ingleses, não aqui, mas em suas colônias asiáticas (Malásia e Indonésia).

Denunciou de forma categórica a exploração do sertanejo-seringueiro, quando o descreveu como "homem que trabalha para escravizar-se", anotando que o nordestino, ao ser recrutado, principalmente no Ceará, já iniciava uma dívida impagável, vez que lhe eram cobrados os custos da viagem, os utensílios destinados à exploração da seringa, além de ser forçado a adquirir mercadorias e a vender sua produção, exclusivamente, para o proprietário do seringal. E, por mais que se esforçasse, jamais conseguiria pagar a dívida que crescia a cada dia e, como não podia deixar o seringal sem antes quitá-la, o seu sonho de voltar ao Nordeste nunca se concretizaria.

Euclides ajudou a derrubar mitos amazônicos, todavia terminou ele próprio por tentar introduzir uma série de outros. Em um artigo intitulado "Um clima caluniado" (1909), concluiu, influenciado pela teoria darwiniana, que o clima quente e úmido da Amazônia operava uma verdadeira seleção natural, sobrevivendo a ele somente os mais fortes física ou moralmente, eliminando os incapazes, pela fuga ou pela morte: "E é certo um clima admirável o que prepara as paragens novas para os fortes, para os perseverantes e para os bons".

Transcorridos pouco mais de cem anos da sua visita, o rio Purus, que ele imaginara ser a mais importante via de navegação para o Peru atingir o Oceano Atlântico, não se afirmou como tal. O único povoado peruano ao longo daquele afluente – Esperanza –, com 5 mil habitantes (80% indígenas), ainda vive isolado, sem ligação com o resto do país. Ocasionalmente, seu aeroporto recebe aviões de pequeno porte. Do lado brasileiro, o Purus continua abandonado, um "enjeitado", segundo as palavras do próprio escritor, embora não deixe de ser uma "dádiva da natureza", como constatou, pessoalmente, o escritor Daniel Piza, autor deste livro e o segundo intelectual brasileiro – o primeiro foi Euclides – a navegar pelas águas barrentas do Purus para nos contar e mostrar quão rico é o Brasil.

BIBLIOGRAFIA

DE EUCLIDES DA CUNHA:

À margem da história. São Paulo: Martin Claret, 2006.

Contrastes e confrontos. Rio de Janeiro: Record, 1975.

Correspondência de Euclides da Cunha. Walnice Nogueira Galvão e Oswaldo Galotti (orgs.). São Paulo: Edusp, 1997.

Diário de marcha / Comissão Mista Brasileiro-Peruana. São José do Rio Branco: Printac, 2006.

Um paraíso perdido – Ensaios, estudos e pronunciamentos sobre a Amazônia. Leandro Tocantins (org.). Rio de Janeiro: José Olympio, 1994.

Os sertões – Campanha de Canudos. São Paulo: Ateliê Editorial, 2009.

SOBRE EUCLIDES DA CUNHA:

AMORY, Frederic. *Euclides da Cunha – Uma odisseia nos trópicos*. São Paulo: Ateliê Editorial, 2009.

BRAGA, Roberto. *Euclides da Cunha no Amazonas*. Manaus: Valer, 2002.

TOCANTINS, Leandro. *Euclides da Cunha e o paraíso perdido*. Rio de Janeiro: Civilização Brasileira, 1978.

VENTURA, Roberto. *Euclides da Cunha – Esboço biográfico*. São Paulo: Companhia das Letras, 2003.

Imagens de capa e de miolo **Tiago Queiroz / AE**
Capa, projeto gráfico e paginação **A2 (AC, Mika Matsuzake, Tiago Ferro)**
Preparação de textos **Margô Negro**
Revisão de textos **Maria A. Medeiros e Luiz Volpi**

Dados Internacionais de Catalogação na Publicação (CIP)
(Câmara Brasileira do Livro, SP, Brasil)

Piza, Daniel
Amazônia de Euclides : viagem de volta a um paraíso perdido / Daniel Piza ; fotos de Tiago Queiroz ; com textos de Euclídes da Cunha, Milton Hatoum e Arquilau de Castro Melo. – São Paulo : Leya, 2010.

Bibliografia
ISBN 978-85-62936-10-4

1. Amazônia - Condições sociais 2. Amazônia - Descrição e viagens 3. Amazônia - Fotografias 4. Amazônia - História 5. Cunha, Euclides da, 1866-1909 - Crítica e interpretação 6. Rios - Amazônia I. Queiroz, Tiago. II. Hatoum, Milton. III. Melo, Arquilau de Castro . IV. Título.

10-00253 CDD-918.11

Índices para catálogo sistemático:
1. Amazônia : Descrição e viagens 918.11
2. Amazônia : Relatos de viagem 918.11

2010

TEXTO EDITORES LTDA.
[Uma editora do grupo Leya]
Av. Angélica, 2163 – Conjunto 175
01227-200 – Santa Cecília – São Paulo – SP – Brasil
www.leya.com

Este livro foi composto em Electra e Optima para a Leya, em fevereiro de 2010.